历史不带这么玩的

——影视剧中的那些错

倪梁鸣 著

中国和平出版社

图书在版编目（CIP）数据

历史不带这么玩的 : 影视剧中的那些错 / 倪梁鸣著.
– 北京 : 中国和平出版社, 2013.2
　　ISBN 978-7-5137-0352-9

　　Ⅰ.①历…　Ⅱ.①倪…　Ⅲ.①中国历史 – 青年读物②中国历史 –
少年读物　Ⅳ.①K209

中国版本图书馆CIP数据核字（2012）第318218号

《历史不带这么玩的——影视剧中的那些错》
倪梁鸣　著　　刘存站　绘

出 版 人：肖　斌
责任编辑：周　彧　何巧云
封面设计：北京上品分享文化传媒有限公司
责任印务：刘永来　石亚茹

出版发行：**中国和平出版社**
社　　址：北京市海淀区花园路甲13号院7号楼10层 （100088）
发 行 部：（010）82093738　　82093737（传真）
网　　址：www.hpbook.com
投稿邮箱：hpbook@hpbook.com
经　　销：新华书店
印　　刷：北京中印联印务有限公司

开　　本：710毫米×1000毫米　　　1/16
印　　张：12
字　　数：150千字
版　　次：2013年5月北京第1版　2013年5月北京第1次印刷

（版权所有　侵权必究）

ISBN 978-7-5137-0352-9　　　　　定　价：21.80元

（本书如有印装质量问题，请与我社发行部联系退换）

求真匡误，爱心至上

中华民族是一个历史悠久的伟大民族，中华子民一代又一代坚忍不拔，构建了中华民族文化的摩天大厦；中华子民有独特的知识享用权，以至于每天都有千姿百态、争奇斗艳的历史文化产品破土而出，铺天盖地。历史题材的影视剧是怒放其中的奇葩，无论在创作或者产出方面，都取得了优异的成绩。这是好事，懂得充分发掘祖国取之不尽、用之不竭的传统文化资源，弘扬民族文化，鼓舞民族精神，让中国更加豪迈地走向世界，让世界加速认识中国。

文化产品，涉及学术。任何学术，都须要直面两个问题："求真"和"致用"，二者辩证统一。求真而不能够经世致用，枉费学术；唯求致用，而不顾客观事实，甚至践踏史实，就会造成失误。在历史题材的影视剧中，其历史知识的错误、缺失、偏差随处可见。毋庸讳言，这些都是前进中的偏颇，不值得大惊小怪。但是不能够听之任之，更不能让错误问题泛滥，需要加以纠正。如何纠正？现代社会，讲究投入成本。谁来为纠正这些错误问题所花费的劳动买单？这需要有责任心和奉献精神的人挺身而出。

作者则是这样一名积极热情的青年学人。他有自己的专业，本着强烈的责任心，放下手头研究课题，花费大量时间审视影视剧，纠正其错误问题。有些知识性错误，从专业视角看，一眼就能够发现。但是，如同疗疾，开处方的时候，需要谨慎。历史学重视依据，落笔的时候，需要核实资料，不得不披阅浩瀚的文献，有些问题还需要加以考证，不能够以错易错。一两个问题，尚可以"激情"参与一次；连篇累牍，则考验耐力了。流行的影视剧中，有些历史知识和常识性的瑕疵不可谓不多，积累起来编纂成册，这个劳动量不小，这本小册子负载了作者的劳动汗水，为社会提供了一份价值不菲的贡献。

这本小册子，其体例比较活泼，结构明快，可以划分四大块。其一，每篇提炼一个命题，直揭错误问题。其二，每篇开头有一段小序，用黑体字编排，言简意赅点明错误问题、性质、来源，勾勒一篇的主要内容，有利于读者在很短的时间明白错误的真相。其三，用民众喜欢的"三字经"形式，提炼八句话，对错误问题提出批评。文字轻松活泼，略带调侃和打油，加强了感染力，给人以深刻的印象。这正是善意批评的目的之所在。其四，撰写正文，梳理历史线索，正面阐述正确的历史知识，还历史问题的原貌。所有篇幅，配有插图，强化了主题。

不敢说这本小册子能够在文化产品的市场发挥多大作用，至少在错误和漏洞较多的影视剧面前，具有传播正确历史知识、常识和校正视听的积极意义。而对于今后历史剧的诞生，可以引以为戒，减少或者避免重复错误。从这个层面看，十分期待这个小册子，能够延续编纂，不断出版，为历史剧的创作和产出提供一道绿色的防护墙。也呼唤更多的人参与这个劳动，为净化文化产品市场奉献一份光和热。

周怀宇于合肥

2012年12月23日

（序者为安徽大学历史系教授，研究方向为中国古代史、区域史、历史文献学。）

目 录
CONTENTS

你这个酒囊饭袋……

酒囊饭袋的姜子牙

　　"酒囊饭袋"这句成语最早是在比商代晚1000多年的东汉出现的，此时期的大学者王充在其著作《论衡》中说"饱食快饮，虑深求卧，腹为饭坑，肠为酒囊，是则物也"，形容只会吃喝、不会做事的人，也可称为"酒瓮饭囊"。马氏骂姜子牙，自然就是这个意思。

1

姜太公，会钓鱼，做生意，要亏死。

汉代话，商时见，被错骂，也无语。

《封神演义》一书洋洋洒洒一百回，把个姜子牙描绘得如神仙一般，除纣灭商，拯救万民于水火之中外，到最后还要拿着元始天尊的天书，把一干关系人等全都封了神仙，不仅老百姓感谢他，就连天上各路神等都得叩首谢恩，真是风光极了！中国古代的历史小说中，将历史人物神化得比较成功的，除了《三国演义》中的诸葛亮外，也许就只有姜太公了吧！

不过，世间有几个人倒是比较恨姜子牙的，商纣王自不必说，还有就是那伯夷、叔齐二位贤者，估计对姜子牙也不痛快，因为他们政治理念不同，宁愿饿死首阳山，也不食周粟，历来也被传为佳话。再有一个人的话，估计也就是他的老婆马氏了。

电视剧中姜子牙就是一个怀才不遇的渔夫，似乎什么事情也做不了，他老婆马氏倒是个能持家的人，总是想为家里多挣点钱，因此想了很多办法，根据姜子牙的个人情况，以人为本，想出了适合他干的工作来，不过很可惜，姜子牙不是从商的料：让他卖面粉，结果被马撞洒了一地，卖猪、羊也被当兵的没收，就连钓鱼也不好好干，非要用个直钩子，倒成就了民间后来的一句歇后语叫"姜太公钓鱼——愿者上钩"。

在1990年版电视剧《封神榜》描写了这么一段内容，当姜子牙卖面粉蚀了本回家时，他老婆狠狠地骂了他一句，你这个酒囊饭袋！想想也可以理解，遇到这样的人，估计身边的人都有着很深的怨气，不过这时的"酒囊饭袋"可不一定能说得出来。

"酒囊饭袋"这句成语最早是在比商代晚1000多年的东汉出现的，

此时期的大学者王充在其著作《论衡》中说"饱食快饮，虑深求卧，腹为饭坑，肠为酒囊，是则物也"，形容只会吃喝，不会做事的人，也可称为"酒瓮饭囊"。马氏骂姜子牙，自然就是这个意思。

王充（27年—约97年）

最终，马氏休了姜子牙，重新嫁了个屠夫，算是把姜子牙羞辱了一番。可谁又料到咸鱼也有翻生的时候呢，姜子牙遇到当时的"叛军"周文王时倒是一拍即合，最后拜国封相，万代称颂。但小说中的他可不是那种"宰相肚里能撑船"的角色：在他发达的时候，马氏曾经去找过他，他倒是泼了一盆水在地上，说泼在地上的水岂能收回，结果把个前妻活活气死了，到最后还封了她"扫把星"。看来姜子牙胸中的这口闷气到这时才算吐出来！

（姜太公）

还想知道更多吗？

请参看：《封神演义》〔明〕许仲琳编 人民文学出版社1973年版（"第十五回 昆仑山子牙下山"139页—145页）。

春秋时期有马镫吗

电影《赵氏孤儿》，是一部关于春秋时期晋国赵氏惨遭灭门，后赵武复仇，重振赵氏家族的故事，其中出现的马镫距考古发掘出马镫的年代早了约1000年。

春秋时，战骑军，有悍马，无马镫。

早至汉，晚北燕，配马具，方可能。

历史上，汉民族苦于受到北方游牧民族的袭扰，因此先秦时期就建造长城，其主要原因就是游牧民族的骑兵机动性太强，内地很难抵挡。赵武灵王时，鉴于胡人骑兵的优势，于是效仿胡人，施行"胡服骑射"，穿胡人的衣服，训练胡人式的骑兵，结果在战国时称霸一时，连秦国也不敢小觑。汉武帝喜欢西域的汗血宝马，为此不惜和大宛国发生战争，劳民伤财，付出了巨大代价才换来良马数十匹。宋代之所以不敌辽、金，很大程度上也是骑兵不足。而蒙古人能在攻打亚欧大陆时势如破竹，则依靠的就是他们的骑兵了。

然而，马在古代战争之所以能有这么重要的作用，和人的驾驭不无关系。一个骑兵能发挥比步兵更强的战斗力，就是因为他骑在马上。如果骑不好，摔了下来，别说杀敌了，估计先把自己摔个半死，只好举手投降。为了能让骑兵更好地坐在马背上，人们发明了一套骑马的用具。

《木兰诗》中，花木兰替父从军，临走时就到市场买了一匹马和一套马具，"东市买骏马，西市买鞍鞯，南市买辔头，北市买长鞭"，其中的鞍鞯，就是马鞍和垫马鞍的东西，人骑马时坐在上面，比较稳当，当然，鞍鞯的两侧，还应配上供人蹬踏使用的马镫。

马镫的作用能帮助人踩着登上马，更能够在马奔跑时，支撑骑马人的双脚，不至于使人在马背上无支撑点而摔下来，也解放了骑兵的双手，可以用来战斗。马镫的历史要比人类驯化马的历史迟得多。当马作为战斗工具被使用时，最早的骑兵并没有享受到踩马镫的待遇，他们只好两脚悬空，双手抓住马鬃，在战斗时首先要保证马不能乱动，然后还要自身保持平衡，所以身体幅度不能摆动太大，也不能使出全力战斗，骑兵的战斗力大大地打了折扣。随着人类文明的进步，冶金技术得到了发展，首先在中国出现了马镫。

冯素弗（？—415年）

1965年，考古人员在我国辽宁北票西官营子发掘了北燕官僚贵族冯素弗墓时，发现了马镫实物。1983年，考古人员在河南安阳孝民屯154号墓中，也发掘到了马镫，并且比冯素弗墓中出土的马镫早了约100年。由此可知，公元4世纪至5世纪时，我国北方已经出现了马镫。不过也有的学者认为，马镫的出现应该在公元1世纪至2世纪，因没有材料证明，只能当做臆测。

电影《赵氏孤儿》，是一部关于春秋时期晋国赵氏惨遭灭门，后赵武复仇，重振赵氏家族的故事，其中出现的马镫距考古发掘出马镫的年代早了约1000年。在影片中有一武官骑马，其中两脚踩在马镫上，且不说当时使用的金属是青铜器而不是铁，就是那一双大马镫，和现代骑马场中的马镫一模一样，难怪他骑得这么稳，这么威风，训练一下简直可以参加盛装舞步了！

（马镫）

还想知道更多吗？

请参看：《汉语外来词》史有为著 商务印书馆 2000年版（"近现代汉语外来词概观 上"62页—78页）。

商鞅的蜜月

　　"蜜月"一词，是从英语"honeymoon"翻译而来，"honey"表示蜜、蜜糖、甜蜜，而"moon"则是月、月亮的意思。它本质上和沙发、咖啡、巧克力一样都是外来词，只是采取了意译而非音译的方法罢了。

蜜月甜，蜜月腻，最起初，叫honey。

秦商鞅，古代人，哪里能，讲英语？

现在提起"蜜月"，很多人都清楚是怎么回事了。在中国，一般都是结了婚，摆了酒席宴请过亲朋好友之后，有时间的，就请一个月的假，夫妻双方一起出去旅行，这个月就叫做蜜月。即便是不出去旅行的，结婚的第一个月也叫做蜜月，反正就是甜甜蜜蜜先过一个月吧。凡对结婚这个名词懂一点的都知道，其实蜜月是个外来的东西，和结婚时穿婚纱一样，都是西洋式的。蜜月一词，是从英语"honeymoon"翻译而来，"honey"表示蜜、蜜糖、甜蜜，而"moon"则是月、月亮的意思。它本质上和沙发、咖啡、巧克力一样都是外来词，只是采取了意译而非音译的方法罢了。

可毋庸置疑，不管蜜月从哪儿来，现在已经深入中国人的心中，就像结婚要摆酒席一样。除非是裸婚，或是新人不在意，否则的话，这蜜月是非过不可的。国家给予新人的婚假，也有这方面的照顾。于是凡是结婚的，你也过蜜月，我也过蜜月，最后也想当然地让中国的古人也过起了蜜月，结果造成了这样的结果，即所谓"四大发明"是中国人创造的，蜜月也是中国人创造的。有证据否？请各位试看电视剧《大秦帝国》。该剧有一个情节，商鞅结婚后立即要去西巡，秦孝公觉得很奇怪，为什么新婚不在家休息，便问："蜜月你也不过了？"从此条"史料"可以

商鞅（？—前338年）

秦孝公（前381年—前338年）

证明，蜜月的年龄，比秦始皇大，论辈分至少秦始皇得叫它声祖爷爷。

如果秦孝公在天有灵，见到这样的话会做何感想？不过，现实社会中的我们，似乎还是要物归原主，别把别人家的祖先牌位请回自己家里供着，又是磕头，又是上香，最后发现供着的是个黄头发蓝眼睛的主。

蜜月其实最早来源于欧洲中世纪时期的条顿人，根据条顿人的风俗，蜂蜜象征着生命、健康和生育力。凡是新婚的夫妇，都要喝一种由蜂蜜酿成的甜酒，持续喝一个月，有助于生活的和谐美满，因此称之为蜜月。后来这种习俗逐渐在欧洲流行，并在清末民初时正式传入我国，被国人所知。另一种说法认为蜜月来源于6世纪初的英国。当时英国的克尔克特部落首领的女儿爱丽丝，从小喜欢吃蜂蜜，长大以后，因为长得很美丽，很多人都想娶她为妻。其中，有一位王子很得她的欢心，于是他们最终结婚。在宴会上，爱丽丝让厨娘将蜂蜜制成酒，献给在座的宾朋，因为制作得太多了，宴会后还留的蜜酒，足足让这对新婚夫妻喝了一个月。此后，这里就有了结婚后喝一个月蜜酒的习俗。后来，喝蜜酒的过程逐渐简化，新婚夫妻只要在结婚当夜喝蜜酒即可，剩下的时间都外出旅行了。

商鞅是什么时候结婚的，究竟娶的是谁，现在并不太清楚。不过可以肯定的是，商鞅没有度过蜜月，因为先秦时候中国的婚俗，还没有如此西化。

（《新列国志》插图 公孙鞅徙木立信）

还想知道更多吗？

请参看：《中国古代科技史话》金秋鹏著 商务印书馆1997年版（"西汉古纸和蔡伦造纸"52页—54页）。

你死以后，我会多
给你烧点纸的……

秦朝能烧纸钱吗

西汉时，中国人已经发明纸，不过当时造纸原料多为丝绸等昂贵物品，造出的纸质量也很差。直到蔡伦改进了造纸术，将造纸的原料换成低廉的树皮、破布、渔网等，使纸有机会走入寻常人家，被更多的人所认识。

坟墓前，祭祖先，体现孝，烧纸钱。

要烧纸，得到汉，秦朝时，只有简。

中国人是重视祖先的，每年一到清明、阴历七月十五和冬至等时节，总是要去先人的墓碑前祭奠，其中必不可少的一个环节就是放爆竹、烧纸钱。据说，人死后在阴间也要花钱，不仅自己得买日常用品，还要打点给阎王小鬼，所以每年烧点纸钱也是一种孝道的表现，和在坟头上供一碗饭性质相同。走过中国的大江南北，只要有汉族人的地方，祭祀先人时就有烧纸钱的。但是，现在为了防止火灾和空气污染，政府提出了采用献鲜花等绿色方法。

钱之所以能烧，在于其为纸造也。烧纸钱的先决条件就是有纸做的钱，没有纸的话，火再旺也烧不了，于是这就涉及造纸的问题了。

秦始皇时期，中国还没有纸，当时人们将竹简、木片和丝绸等作为书写的载体。当时著名的"焚书坑儒"，焚的就是竹简书。西汉时，中国人已经发明纸，不过当时造纸原料多为丝绸等昂贵物品，造出的纸质量也很差。直到蔡伦改进了造纸术，将造纸的原料换成低廉的树皮、破布、渔网等，使纸有机会走入寻常人家，被更多的人所认识。但是蔡伦制造的纸，也没能替代竹简等书写载体。东晋末年，桓玄把持朝政，他发了一道命令，要求今后只准在纸上写字，不准在竹简上写，之后纸才逐渐在社会中普及。

烧纸其实是源自中国的瘗（yì）钱的丧葬制度，根据

蔡伦（？—121年）

桓玄（369年—404年）

史料记载，汉代以来，人死后安葬在墓中后，通常会有一些随葬品，其中就有钱，把钱埋藏起来，就叫做瘗钱。不过当时的钱是真钱。到魏晋时期，由于使用真钱耗费太大，加之又会招来很多偷钱的盗墓者，因此逐渐改为用纸钱代替。

关于烧纸钱，还有一个故事。传说蔡伦在改进造纸术之后，很受欢迎，蔡伦也赚了不少钱。他的哥哥蔡莫、嫂嫂慧娘得知后，非常羡慕，也仿照蔡伦的方法造纸去卖，结果没有造出好纸，反而赔了本。正在两人一筹莫展的时候，慧娘想出了一个办法。她把纸剪成钱的模样，又买了口棺材，自己睡在里面，假装死了，让蔡莫嚎啕大哭，引来众邻围观。蔡莫一边哭一边烧纸，烧着烧着，就听到棺材里有动静，慧娘在里面叫着"快开门，我回来了。"大家赶忙将其扶起，问她发生了什么。慧娘道，我去了地府，本来回不来的，但是因为蔡莫烧了很多纸钱，阎王小鬼都得了好处，就把我放回来了。邻居们听到这句话后，凡是有需要的，都来买蔡莫家的纸钱，结果没几天，蔡莫家的纸就卖光了。

这虽然是个故事，但至少可以得知，烧纸钱的风俗应该在蔡伦之后，因为如果纸的造价太昂贵的话，谁也买不起，烧不起。电视剧《神话》中，刘邦要在小川死后给他烧点纸，殊不知秦朝时还没有纸，烧纸钱的风俗好也要等几百年呢！

（《蔡伦》邮票1962年）

还想知道更多吗？

请参看：《中国古代礼俗》王炜民著 商务印书馆1997年版（"寒食与清明节"149页—152页）。

唐代"挖出"兵马俑

　　兵马俑虽然是中国历史的标志，但它毕竟还是陪葬品，电视剧《唐宫美人天下》中有一个情节，在室内出现了兵马俑，难道不知道兵马俑是陪葬品吗？

秦始皇，太铺张，兵马俑，同下葬。

谁曾想，竟出土，守卫在，唐宫中。

中国历史上有所谓的陪葬制度，在奴隶社会时期，每当有奴隶主去世，都会找一些活的奴隶和动物，作为殉葬品一起下葬，活埋了事。随着文明的发展，活人活物下葬的风俗逐渐改变，取而代之的是一些木质或陶制的人塑像和动物塑像随同逝者下葬，这些塑像被称之为"俑"。

俑在中国延续了很长时间，根据考古材料可以证明，远在东周时期的墓中，俑已经比较常见。从秦汉至隋唐时期，陪葬俑十分盛行。宋以后，随着丧葬制度的发展，俑的作用衰退，不过作为一种丧葬形式，仍旧保留至今。

所谓秦始皇兵马俑，顾名思义就是随同秦始皇一同下葬的人形和马形的俑。秦始皇，有着统一中国的伟大功绩，不过也是个自负的君主，不但认为自己可与三皇五帝并论，而且还要他的子子孙孙永远当皇帝，二世、三世乃至万世。对于身后事，他也要自我安排一番，他命令李斯，为总设计师，章邯为总监工，在骊山谋划建造自己的园陵（现位于山西省西安市临潼区）。根据《史记》记载，参加秦始皇陵建造的共有几十万人，墓道极深，并用铜予以加固后，才放入棺椁。墓中到处是奇珍异宝，为了防止盗墓，设有弓弩机关，又将水银做成江河湖海的样子，在墓内不停流动。为了避免黑暗，修建者在墓中点上鲸鱼油（一说娃娃鱼油）的灯，可长久不灭。当然，这些

秦始皇（前259年—前210年）

李斯（约前280年—前208年）

章邯（？—前205年）

14

珠宝和水银等，我们现在已经基本看不到了。但能观赏到的，最直观的莫过于兵马俑。

兵马俑姿势各异，可以分为军士俑、立射俑、跪射俑、武士俑、军吏俑、骑兵俑、驭手俑、将军俑。另外还有供宫廷娱乐和杂耍的百戏俑的形状。这些俑和真人真马比例相当，并在当时制作时身上都涂有彩绘，只是由于年代久远，加之发掘过程中遇到空气，出现氧化反应，颜色都已褪去，现在只能看到某些残留的彩绘痕迹。倒是军士手中持有的各种青铜武器，因做过防锈处理，至今依然光亮如新，锋利无比。

兵马俑现如今已经成为了中国古代文明的象征，被列为"世界八大奇迹"之一，不管是外国人还是中国人，只要去陕西旅游，都要去看看兵马俑，就像到北京一定要看故宫一样。不过，兵马俑虽然是中国历史的标志，但它毕竟还是陪葬品，电视剧《唐宫美人天下》中有一个情节，在室内俨然出现了兵马俑，难道不知道兵马俑是陪葬品吗？谁会吧陪葬品放在宫中？而且兵马俑也是20世纪70年代才发掘出的，唐中宗李显时怎么会有呢？

看来二人的台词应该是这样的，女："哦，莫不是我们在阴间相会吗？"男："是的，亲爱的，你没见过兵马俑吧？我刚去了秦始皇家，拿好多件三彩陶才和他换了这两个。喜欢吗？这东西老贵了，注意别碰着啊！"

（秦始皇）

还想知道更多吗？

请参看：《复活的军团：秦始皇陵兵马俑发现记》（修订版）岳南著 商务印书馆2012年版。

大年初一，
哪里有人？

初一有月亮吗

　　武侠们如果去除妖，还是要把日子挑准了。想农历初一去的话，那只能打着灯笼。如果武侠有夜盲症，晚上看不清的话，还是选择农历十五，有圆月的时候吧！

月运行，有规律，朔望晦，不一样。

年初一，虽热闹，爆竹响，没月亮。

中国人对于月亮的感情，有时甚至是超过太阳的。在中国古代的神话中，太阳曾经有10个，烤得大地寸草不生，人民无法生活，幸好出现了个后羿，射下了9个，才天下太平，可见人们对于太阳还是心存敬畏，甚至有些害怕的。

但是，提起月亮的话，很少有关于它的不好的传说，人们更多地将思念之情寄托于其中，更含有一种淡淡的哀伤之情。不论是"举头望明月，低头思故乡"，还是"明月几时有，把酒问青天"，中国的文人雅士，总是把明月当作知音，在人生不得意之时，有月亮相伴，也算是"人生得一知己足矣"。

另外，每到中秋佳节时，中国人讲究聚在一起吃月饼，圆圆的月亮，映着圆圆的月饼，幻想着月宫中的嫦娥和玉兔，人和人的心拉近了，觉得是那么的温馨，那么的美满。

不过，西方人看待月亮似乎并没有中国人那么美好，据说西方有一种像狼一样的人，或像人一样的狼在月圆之夜，会变得狂暴起来，兽性大发要杀人的，还有吸血鬼，月圆之时最会吸人的血。后来，这种说法不仅在西方流行，也逐渐影响到中国人心中，于是在一些影视剧中，也出现了月光之下的妖怪。

电影《画皮》中，蜥蜴妖怪要吃夏冰，被庞勇发现后，就和蜥蜴妖怪打斗，这时天空中出现了一轮明亮的圆月，画面倒是挺唯美。不过当庞勇扶着受伤的夏冰进客栈喊人时，夏冰来了一句："别叫了，大年初一，哪里还有人啊。"大年初一，客栈是否有人，这个不太好说。不过可以肯定的是，大年初一是没有月光的，圆圆的大月亮根本看不见。

当然这个错误也不偶然，《铁齿铜牙纪晓岚》上也是"英雄所见略同"，和珅和杜小月说好下月初二去和府，电视剧中初二那晚的月亮可真圆啊。这日子肯定都是选错了。

我们的祖先很早就了解了月亮的运行规律，所谓的一个月，就是指月相变化一次所用的时间。

中国的农历每年分12个月，每个月有29或30天，每隔两三年，要置一个闰月，19年置7个闰月，以保证时间的准确。

在一个月中，头一天为初一，古人通常称为"朔日"，从天文学上看，这一天，月球处于到太阳和地球中间，并以黑暗的一面对着地球，所以人们在地球上看不见月光。过了一个星期，大约在初八，月球此时已围绕地球公转了四分之一圈，在北半球上观察时，可见看见月亮右侧明亮的一面，这通常被称为"上弦月"，上弦月出现在上半夜的西边天空。

再过一个星期，大约在农历十五，月球和太阳形成一百八十度角，此时地球处在太阳和月球之间，整个月亮的光面对着地球，只有这时我们才能看到圆月，古代人称这一天为"望日"。

又过一个星期，月球此时已围绕地球公转四分之三圈，在北半球上观察时，可见看见月亮左侧明亮的一面，这通常被称为"下弦月"，下弦月出现在下半夜的东边天空。等到了月底，古人称作"晦日"，此时月球又运行到太阳和地球中间，地球上又见不到月光了。

看来，武侠们如果去除妖，还是要把日子挑准了。想农历初一去的话，那只能打着灯笼。如果武侠有夜盲症，晚上看不清的话，还是选择农历十五，有圆月的时候吧！

（凡高《星月夜》1889年）

还想知道更多吗？

　　请参看：《中国古代天文历法基础知识》丁緜孙 天津古籍出版社1989年版（"月的时间概念"274页—285页）

我有一个哥哥在戈壁
少陵原当亭长

少陵原——一个美丽的爱情传说

少陵原的传说是和汉宣帝有关，而汉宣帝是汉武帝刘彻嫡曾孙，汉武帝是窦太后的孙子。电视剧《美人心计》中的窦漪房的母亲想要去投奔少陵原当亭长的哥哥田大业，似乎就有点困难了。

少陵原，爱情源，生相依，死相连。

西汉初，传说无，去哪里，鸿固原。

原又称"塬"，是指西北黄土高原地区因流水冲刷而形成的一种地貌，呈台状，四周陡峭，顶上平坦。在西安有许多后面带原的地名，如神禾原、少陵原、乐游原、八里原、铜人原、龙首原、横岭原等。这些地名优雅且潇洒，透着一股剑侠雅士之风，历史沧桑扑面而来。

其实，每一个"原"都有一个美丽的传说。乐游原，是因为汉宣帝十分迷恋这里的风光，以至于"乐不思归"，修建了乐游庙，因此得名。那首著名的《忆秦娥·秦楼月》中写道："乐游原上千秋节，咸阳古道音尘绝。音尘绝，西风残照，汉家陵阙。"

神禾原得名于汉武帝，据说汉武帝到"上林苑"游猎时，途经于此，有一位老农献上一禾九穗的麦，这在当时的农耕社会是最大的祥兆，于是汉武帝下旨将此命名神禾原。

白鹿原，汉文帝葬于此，这里有一个传说，传说中一只全身雪白的鹿，如若神灵，它的出现会给原上的人带来好运，所以成为希望之神被供奉，那里被称为白鹿原。

许平君（约前90年—前71年）

除了这些故事之外，在少陵原这里则流传着一则美丽的爱情传说。许平君与正在落难之际的汉宣帝刘询成婚，后来汉昭帝驾崩，刘询被拥戴为皇帝，许平君进宫为婕妤。当时几乎所有的大臣都在霍光家族的威逼下要求让霍

刘询（前91年—前49年）

21

成君当皇后，但是刘询没有忘记与自己患难与共的许平君，坚持立许平君为皇后。后来许平生产后被霍光的妻子毒死，汉宣帝非常悲痛，追封她为"恭哀皇后"，葬于杜陵南园。

杜陵是宣帝刘询的陵墓，汉代旧称"鸿固原"。因为许皇后的陵墓较小，被称为小陵，在古代"少"与"小"二字通用，所以就有了少陵原的叫法。颜师古就曾考证说：即今谓小陵者也。后来诗圣杜甫因曾长居于长安城南少陵原，故自称少陵野老，世称杜少陵。

可见，少陵原的传说是和汉宣帝有关，而汉宣帝是汉武帝刘彻嫡曾孙，汉武帝是窦太后的孙子。电视剧《美人心计》中的窦漪房的母亲想要去投奔少陵原当亭长的哥哥田大业，似乎就有点困难了。因为这个时候，汉宣帝还未出世，也就自然没有可能去设计陵墓了，估计她是要去叫鸿固原的地方寻亲了。

（汉宣帝）

还想知道更多吗？

请参看：《中国历代帝王陵墓》黄景略、叶学明著 商务印书馆1998年版（"汉代帝陵"81页—98页）。

人之初　性本善
性相近　习相远

汉朝有《三字经》吗

　　电视剧《美人心计》中，小皇帝刘恭不爱读书，吕雉为此很苦恼。吕禄和慎儿就利用刘恭喜爱音律这一点引导他学习，结果效果大好。刘恭在吕雉面前背起三字经，吕雉大为满意。但是，西汉前少帝刘恭能读到《三字经》吗？

《三字经》，蒙学本，宋末编，明代成。

前少帝，为刘恭，西汉人，读不成。

中国的传统蒙学读物，广为人知的莫过于《三字经》、《百家姓》和《千字文》等，即使是现代人，就算是小学生，只要说到人之初，性本善，大概都能准确地告知它的出处，曰《三字经》。这些年，国学热似乎炒热了全国人民追求时尚的心，也炒热了商人的腰包，于是乎《三字经》也热了起来，美其名曰"中国传统文化"，读《论语》、《三字经》，与其说是汲取精华，倒不如说是又赶上了时尚文化的潮流。于是，你也读，他也读，读到脑子发热，最后连几千年前的汉朝人也被我们从坟墓里请出来，大家一起读性相近，习相远了。

电视剧《美人心计》中，小皇帝刘恭不爱读书，吕雉为此很苦恼。吕禄和慎儿就利用刘恭喜爱音律这一点引导他学习，结果效果大好。刘恭在吕雉面前背起三字经，吕雉大为满意。

但是，西汉前少帝刘恭能读到《三字经》吗？答曰：非也，二者相差上千年也。也可以说：是也，因为今人穿越使之成也。君不见《美人心计》电视剧吗？汉室后宫互相算计，尔虞我诈，结果《三字经》被搬上舞台，由刘恭亲自背诵，狠狠地诈了观众一回。

但是，如果小皇帝接着背下去，就会出现很有意思的一幕："高祖兴，汉业建，至孝平，王莽篡。光武兴，为东汉，四百年，终于献。"真是太神了！

言归正传，《三字经》究竟起源于何时呢？从现有的研究成果，一般认为《三字经》起于宋代末年，并经过历代的补充和完善，最终成书于明代，是明清时期重要的蒙学读物。该书虽然篇幅短小，但是三字一句，合辙押韵，朗朗上口，易于背诵，内容包含了我国古代历史、地理、自然、思想、传说等各基本方面，称赞者甚至说：熟读《三字经》，可知千古事，可见该书在人们心中的重要地位。

正因为如此，《三字经》成为了蒙学读物的代表，现代人也赋予了《三字经》神奇的力量，使之穿越时空回到汉代，教小孩子们读书认字，并让他们能预知到明代的事情了。殊不知两者相差了上千年，历史上扮演悲剧角色的刘恭，在电视剧里又被悲剧了一把。

（《三字经》）

还想知道更多吗？

请参看：《三字经、百家姓、千字文、弟子规》李逸安译注 中华书局2009年版（"前言"1页—14页）。

我不认识他!

我带你去见阎王

见不到的阎王

不过，中国古代原来并没有阎王的概念，这个掌管中国人生死的神仙，是个外来"和尚"，他本是佛教中的人物，随着佛教传入中国后，逐渐被人们所认识。

阎罗王，管地狱，判生死，众鬼王。

本没有，后糅合，佛教中，流传广。

　　说到阎王，几乎所有的中国人对他都不陌生，他是掌管地狱阴司的神，传说人在死后会由鬼带领着到阎王那里去报道，阎王会根据这个人生前做过的好事和坏事，判他是升天享福还是下十八层地狱受苦。因为阎王有掌管人生死的权力，所以历来被人们所敬畏，不怕他的估计就只有一个孙悟空，因为他是"上仙"，是敢当着阎王的面"打将过来"的。有许多谚语，比如"阎王好过，小鬼难当"，"阎王判你三更死，定不容人到五更"等都和阎王有关，也可见他在中国人心中的地位了。不过，中国古代原来并没有阎王的概念，这个掌管中国人生死的神仙，是个外来"和尚"，他本是佛教中的人物，随着佛教传入中国后，逐渐被人们所认识。

　　阎王，又叫"阎罗王"、"阎摩罗王"、"焰摩天"等，在佛教中他掌管鬼世界的审判，是众鬼之王。据史料记载，阎王生前是毗沙国的国王，英勇善战，无人能敌，唯独有一个维陀始生王统治的国家能和他匹敌，两国经常发生战争。由于阎王的国家过于穷兵黩武，国力逐渐衰弱，在一次战役中被维陀始生王杀得惨败，几乎全军覆没，只有他和手下的十八个将领加上残余部队逃了出来。他们发誓一定要打败维陀始生王，为此愿当地狱魔王。后来，他们果然都下了地狱，国王就成了阎王，那十八个将领成了十八层地狱中的各个小王，手下的兵就成了鬼族。

　　阎王的观念传入中国后，由于与本土的道教相结合而发生改变，由过去的一个阎王变成了十个阎王，分别为秦广王、楚江王、宋帝王、忤官王、阎罗王、平等王、泰山王、都市王、卞城王和转轮王，就是所谓的"十殿阎罗"，这种观念在明清时期颇为盛行，也许也是因为地狱的事情过于繁忙，人们恐怕阎王一个人应付不过来，所以才这么办的吧。

在民间传说中，阎罗王不但变成"十殿阎罗"中的一位，角色也由中国人的扮演了。民间流行"四大阎王"的说法，这四大阎王有韩擒虎，传说他临死前，阴间的鬼都来迎接他，并称他是阎王；寇准，因为他刚正不阿，所以生前就被定为阎王人选；范仲淹，也是生前清廉正直，被人民所称道，死后成了阎王；包拯，因为他是清官，所以连鬼都找他伸冤，于是老包只有白天断人间案，晚上断阴间案，死后成了阎王。

电视剧《美人心计》中，有这样一个场景，雪鸢把人打晕，说了一句，我带你去见阎王，话外之音当然是要把她杀了。但是，打人的这位既然有本事带人去见阎王，那他一定不是活人了。另外，这部电视剧是关于西汉初年汉景帝、窦太后等人的故事，而佛教是在东汉传入中国的，两者差了几百年，此时的阎王还在印度呢，真要去见阎王的话，这段路程可不近啊，千万别忘了办护照！

韩擒虎（538年—592年）

寇准（961年—1023年）

范仲淹（989年—1052年）

包拯（999年—1062年）

（17世纪中叶—18世纪阎罗王像）

还想知道更多吗？

请参看：《佛教小百科：艺术》丁明夷著 上海科学普及出版社2011年版（"何谓十殿阎王"54页—55页）。

陪你去看放焰火

　　电视剧《美人心计》里的汉惠帝刘盈就是这样的一位人物，他以自己点烟火的实践证明，烟火在汉代真的"有"！

看焰火，真美丽，绚四方，夜色新。

西汉时，莫去寻，孙思邈，方炼制。

焰火是烟火剂燃放时所发出的各种颜色的火花，有时即指烟火剂本身。它和流星雨不一样，流星雨是一种自然现象，与历史没有任何关系。比如说汉代的某个皇帝看到流星雨了，除非去认真查阅当时的天文史料，否则也并不能发现十分错。不过，要是某个汉代皇帝笑嘻嘻地说：走，一起放焰火，那只能说这位皇帝成为改写中国科技史的超人类了。电视剧《美人心计》里的汉惠帝刘盈就是这样的一位人物，他以自己点烟火的实践证明，烟火在汉代真的"有"！

汉惠帝（前211年—前188年）

中国人有放焰火、爆竹的习惯，一遇上重要的事情，尤其是喜庆节日等，总要放上一点，以表示对该事情的重视和庆祝。我们在现在的很多风俗画中还能看见这一场景，五颜六色的焰火，大家都喜欢看，胆子大的人们去点，胆小的人或是幼童则是远远地躲在旁边，或者捂着耳朵，或者拍着手，总之是喜气洋洋，最开心的时候了。

众所周知，焰火之所以能被点燃是因为其中有火药的缘故。据史料记载火药是中国人在隋唐时期发明的，火药始于古代道家的炼丹术，古人为了求得长生，很早开始就开始炼制丹药，这种想法虽然可笑，但是却直接促使了火药的出现，因为在这些丹药中通常会使用硫磺、硝石等可燃物。

这种炼丹术兴盛于魏晋南北朝时期，直到唐代"药王"孙思邈才在以前炼丹家的基础上提出"丹经内伏硫磺法"，其中提到将硫磺、硝石研成粉末，并经过简单加工后有意识地进行燃烧，以去除其中的毒性，于是火药才在这种炼丹术的实践中逐渐产生，最终创造出了焰火。

孙思邈（581年—682年）

而在遥远的西汉时代，中国人除了能利用火之外，还不知道火药是什么东西，要想制造出焰火，似乎还有一段漫长的探索时期，不知剧中的汉惠帝为何会说出这样浪漫而雷人的话，或许现代又有史料证明汉代确实有焰火了吧。但从现在收集的证据看来汉惠帝是没有这个眼福了。焰火，这个真没有！

（《孙思邈》邮票1962年）

还想知道更多吗？

请参看：《中国科学技术史》（第五卷第七分册）〔英〕李约瑟著科学出版社、上海古籍出版社2005年版（"火药的史诗"）。

每年到团圆节的时候，
臣妾都要去佛堂念经

到哪里去拜佛

电视剧《美人心计》中的窦漪房，就是汉文帝的老婆，汉景帝的老妈，居然也会去佛堂念佛、抄佛经，并且对着他的老公说，"每年到团圆节的时候，臣妾都要去佛堂念经"，还要沐浴净身，增加佛报。

西汉初，重俭朴，崇道家，学无为。

东汉时，佛教传，梦金人，白马来。

　　如今，"国学热"是越来越热了，走进书店，国学类的书参差不穷，令人眼花缭乱，比个二十四史还多二十四倍，真是叫人无从读起了。然而，问一问店员什么样的国学书卖得好，他们多半会提起一类书——佛学书。此种佛学书，并非真正的佛经，而是提到初步的佛学原理，教授一些为人处世的方法和。只是许多人在看过之后，都忘记了两件事，第一件就是读完书后，立刻忘了书中的内容，该干吗还干吗去；另一件就是忘记要学习一些简单的佛学知识，譬如佛教是何时传入中国的。

　　电视剧《美人心计》中的窦漪房，就是汉文帝的老婆，汉景帝的老妈，居然也会去佛堂念佛、抄佛经，并且对着她的老公说，"每年到团圆节的时候，臣妾都要去佛堂念经"，还要沐浴净身，增加佛报。看来这位窦女士真的应该好好了解一下历史后，再去抄佛经了，念佛祈祷了。

　　佛教，并非中国固有的宗教，它的创始人乔达摩·悉达多，又名释迦牟尼本是古印度迦毗罗卫国（今尼泊尔南部）的太子，大约和春秋时期的孔子同时代。他因目睹世间有生、老、病、死之苦，因此发大愿以求得解脱生死之道的方法。经过数十年的努力，最终在一棵菩提树下冥思苦想，大彻大悟，悟道成佛。佛教最早在印度传播，西汉

窦漪房（前205年—前135年）

孔子（前551年—前479年）

时期，逐渐传到现在的中亚一代。东汉明帝永平十年（67
年），汉明帝夜晚梦见金色神人飞绕殿庭，早晨向群臣说
出了此事，其中有一个叫做傅毅的大臣告诉明帝说，西方
有一个称为"佛"的大圣人，陛下梦见的估计就是他。明
帝这才派人去西域求法，佛教由此逐渐传入中国。

而在窦漪房的时代，佛教还远没有传入中国，佛经也
没有在中国流传。而事实上，这位窦女士喜好的是黄老之
学，道家之说，并一直以此作为治国的理念。那么，即使
要抄经祈福，估计也只有《道德经》一类的书供给她了。

（《白马寺与大菩提寺》特种邮票2008年）

还想知道更多吗？
请参看：《中国的佛教》潘桂明著 商务印书馆1997年版（"白马
驮经的传说" 14页—18页）。

吃不到也摸不着的包子

　　电视剧《美人心计》第8集里莫雪鸢和周亚夫有一段温情对话，其中提到了包子，并明明白白地放着一笼热气腾腾的包子，殊不知对西汉人来说，包子和比萨饼、三明治一样，都是看不见也摸不着的。

周亚夫，无口福，生于汉，早多年。

吃包子，须魏晋，诸葛亮，始创研。

说到中国的美食，似乎是中国人骄傲的资本，天上飞的，地上跑的，水里游的，草里蹦的，甚至是那土里爬的，只要经美食家们精心调制一番，总能成为名菜，吃了上百年还是食客不断。

不必说令人眼花缭乱，达到烹饪最高境界的满汉全席，也不必说流派纷呈，各具特色的八大菜系，单单就是一个简单的包子就有很多种做法了。在全国各地，只要是个像样的饭店，包子是必不可少的食品之一。在北京有庆丰包子，天津有狗不理包子，广东有叉烧包和奶黄包，上海、四川等地有小笼包，便是新疆也有香喷喷的烤包子卖，如果有爱吃包子的游客，不论在中国的任何地方，都是有口福品味各种包子美食了。

不光现代人爱吃包子，我们的老祖宗也把包子当作一种重要食品。《水浒传》里，武松在十字坡碰到孙二娘开的黑店，也还要了一笼肉包子当主食，结果孙二娘倒拿出人肉包子来给武松吃。宋代是否有人肉包子，短时间内是无法考证的。不过，宋代有卖包子的，这却是事实。如果，有人因此说，西汉的人也一样能吃到包子，那就只能在电视里看到了。

电视剧《美人心计》第8集里莫雪鸢和周亚夫有一段温情对话，其中提到了包子，并明明白白地放着一笼热气腾

周亚夫（前199年？—前143年）

36

腾的包子，殊不知对西汉人来说，包子和比萨饼、三明治一样，都是看不见也摸不着的。

诸葛亮（181年—234年）

包子大约起源于魏晋时期，相传诸葛亮深入南蛮之地，七擒孟获后班师回朝，途径泸水（云南省境内）时，突遇狂风，士兵不得渡河。诸葛亮询问孟获后得知，因两军交战，阵亡战士无法回乡与家人团聚，于是兴风作乱，如果要顺利渡河，必须要49颗蛮军的人头祭祀。诸葛亮不愿再杀受降蛮军，于是让人用面为皮，牛羊肉混合为馅，捏成49颗人头形状的面食，祭祀鬼神，才顺利渡河。这种食品称为"蛮头"，意思为蛮军的头，并逐渐转为"馒头"一词。后来的人们在做馒头时，省去了包馅的手续，就成为了我们现在通常所说的馒头。久而久之，人们忘记了馒头的本来面目，宋代时，倒把有馅的馒头称作包子，一直沿用到今。

（周亚夫）

还想知道更多吗？

请参看：《中国古代饮食文化》林乃燊著 商务印书馆1997年版（"丰富的点心面食"63页—65页）。

考秀才？

考秀才需要很多钱

考秀才要花很多钱吗

　　《美人心计》中有说考秀才需要很多钱，难道他是明朝人或清朝人穿越到西汉来的吗？可惜啊，他竟不知道西汉的秀才是举荐的，这种糊里糊涂的人，看来一辈子也当不了秀才了。

说秀才，受尊敬，古时候，佼佼者。

汉代时，多举荐，直至隋，兴科举。

说到"秀才"，很多人的第一印象就是读书人，而且还有略带贬义的意味，那些没有考上举人、进士，做不了官，发不了财的人，一般都以秀才概括之，似乎"百无一用是书生"这句话指的就是这些秀才们。什么"秀才遇到兵，有理说不清"、"秀才人情纸半张"、"穷酸秀才"、"不第秀才"等等，都是人们拿这些普通读书人逗笑取乐的笑料。《儒林外史》中的范进，中了秀才后，他的岳父胡屠夫也没有当回事，还说自己倒霉，找了个现世宝的女婿，一旦范进中了举，就以"老爷"相称，讽刺的同时，也看出来秀才的地位真的不高。

不过，这并非秀才的本意。秀才最早可是地位很高的人，也很受人们的尊敬。"秀才"原指秀异之才，是人才中的佼佼者。西汉时期，只有像贾谊这样的思想家和文学家才能有拥有"秀才"的称谓。

贾谊（前200年—前168年）

秀才在隋代以前，多以举荐为主，不需要自己花钱去考。因为，汉代以来，中国的人才选拔制度主要是察举制，就是由地方官举荐他管辖范围内的有才能的人，这种才能有很多种，比如孝顺的人、廉能正直的人，有治国之才的人、名门望族的后代，等等，都能得到举荐的机会，其中秀才作为有才能的人之一，也在举荐的人选中。到朝廷后，对秀才还要进行"策问"考试，如果回答顺利，讨了皇帝的欢心，就能做官，成为国家栋梁之才，甚至能担当国家的将相和出使外国的使节。南北朝时期，秀才所应具备的能力基本上让所有的人望洋兴叹，当时还有人发出"即使周公、孔子在世，也当不了秀才"的感叹。可见，隋代以前，秀才是作为高等人才推荐到国家去的，并不存在自己花钱去考，然后博个头衔这样的事。

但不可否认，察举制有着许多弊端，汉代的时候就有民谣称"举秀才，不识书"。到隋朝时，隋文帝鉴于地方官在举荐人才时，存在种种作假的行为，因此创立了科举制度，让一般的读书人能通过考试脱颖而出，为国家供应人才。但是考秀才仍是很困难的事，整个隋代也只有约少许人能考中，可见国家对秀才要求之高。唐代时，秀才也和明经、进士一起成为选拔人才的考试，是三项考试中的最高等级。

这种情况直到在明清时期逐渐改变，秀才从秀异之才的宝座上被拉了下来，成为了普通的读书人。当时的小孩子读书，凡是能读完四书五经，会写八股文、试帖诗后都能去考秀才，通过县考、府考和院考三次考试后，如果成绩合格，就能得到秀才的头衔，又称中了相公，成为士大夫阶层的最低一层，这就是胡屠户讲的成了"有体统的人"。这时的考秀才，就需要自己掏钱了，至于是否需要很多钱，那就因人而异吧。

《美人心计》中有说考秀才需要很多钱，难道他是明朝人或清朝人穿越到西汉来的吗？可惜啊，他竟不知道西汉的秀才是举荐的，这种糊里糊涂的人，看来一辈子也当不了秀才了。

（隋文帝 杨坚）

还想知道更多吗？

请参看：《民国丛书》第五编25《中国考试制度史》邓嗣禹纂著 "民国考选委员会"1936年版（"两汉取士法"27页—46页）。

嫡子

诸皇子

嫡子与长子

看到了电视剧《美人心计》中的对白"立储要立长"后，才知道中国的嫡子和长子的区别到底有多难！

立太子，需要长，遇嫡子，也要让。

话说周，建分封，嫡长子，最正宗。

中国的古代人在婚姻上和现代人是不同的。在过去，凡是大户人家或是有头有脸的人，都是能同时娶很多房太太的。小说《西游记》中猪八戒撞天婚配女婿时说，"你看娘说的话。那个没有三房四妾？就再多几个，你女婿也笑纳了"，就是这个道理。还有那皇帝老子，也是"三宫六院七十二妃"，生下几十个儿子，上百个孙子，看上去真是多子多孙，福寿延绵了。

然而，儿子虽然多，老子却只有一个，老子的家产也只有一份，那么多儿子怎么分，就成了困扰这些大户人家尤其是皇帝几千年的难题了。儿子争家产的事，从周代就已经开始了，试读此时期的历史，多有为争王位、财产、土地，而父子、兄弟相残的事，于是孔老夫子很生气，写了本《春秋》，非要问这些大逆不道、篡位夺权的人的罪。而这问罪的标准中，就有一个"嫡子继承制"。

所谓"嫡子"，是指正妻所生的第一个儿子。古人虽然有很多房的太太，然而总要有一个正妻，她的地位在所有太太中最高，享受的待遇也最好。如果是皇帝的话，他的正妻就是皇后了，其他的老婆都要听皇后的话，受皇后的约束，只有皇后可以称被为国母，具备"母仪天下"的气质，其他的妃子们，即使再怎么受到皇帝的宠幸，也只有干瞪眼的份儿。所以，皇后的大儿子，也跟着皇后享了福，生下来就是"嫡子"，享有皇位和财产的第一继承权，在老皇帝死后，他就是名正言顺的新皇帝。

但是，各位看官注意了，嫡子并不都是长子，皇帝的其他老婆也许会早于皇后生孩子。比如，汉高祖刘邦的皇后是吕雉，嫡子是吕雉的第一个儿子刘盈，而刘邦的大儿子是他和曹氏生的刘肥，刘肥虽然是长子，却不是嫡子。因此，刘肥只当了齐悼惠王，而当不了皇帝。最后，刘盈成为汉惠帝，虽然他并不是刘邦的大儿子。

还有一种情况就是，皇后如果生了不止一个儿子的话，这些儿子都可以称作嫡子，但只有第一个儿子称为"嫡长子"，代表他是嫡子中的老大，其他的都是"嫡次子"。老皇帝死后，还应该由"嫡长子"继承皇位。

看来，那句"立储要立长"的对白改成"立储要立嫡"才符合事实，否则说这话的人，估计就要拉出去正法啦！

刘邦（前256年—前195年）

吕雉（前241年—前180年）

刘盈（前211年—前188年）

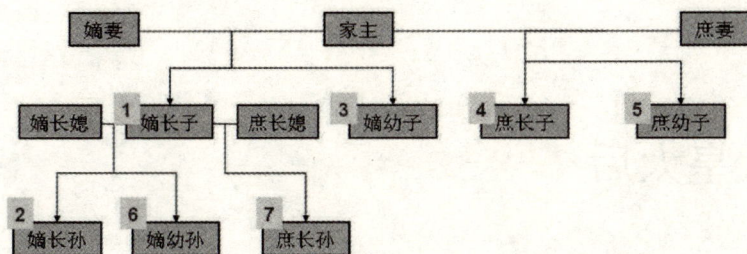

（中国古代继承制度）

还想知道更多吗？

请参看：《周代宗法制度史研究》钱杭著 学林出版社1991年版（"宗法继承制度与宗族世系排列方式"129页—157页）。

太皇太后驾到！

皇太后

错位的太皇太后

《美人心计》中有一个场景，窦漪房有事前来询问刘启，外面不知是谁喊了一嗓子"太皇太后驾到"，如果历史上真出现这种场景的话，估计那位喊话的大哥难逃一死了。太皇太后这一称号，指的是皇上的祖母、皇太后的婆婆。怎么和皇太后混为一谈呢？

皇宫内，有秩序，称祖母，须尊崇。

母为后，是伦理，唤声错，出大漏。

中国的皇帝，在一般人看来，似乎是一手遮天式的人物，想要什么就有什么，想吃什么就由别人送到嘴边，甚至想让谁死，也只能"君让臣死，臣不得不死"了，于是乎弄得不少中国人都想过着皇帝般的生活，连阿Q看见革命的好处，不也手舞足蹈地说："好……我要什么就是什么，我欢喜谁就是谁。"皇帝在中国人的心中，其实就是一个符号，代表着首领，更代表着欲望。不过，在历史上，有些皇帝虽然我们称之为皇帝，但并没有我们想得那样的春风得意，他们中的不少受制于外戚、宦官等势力，甚至连皇帝的宝座都坐不稳，更不用说有什么至高的权力了。其中的汉景帝刘启就是其中的一位。

刘启（前188年—前141年）

刘恒（前202年—前157年）

汉景帝刘启，西汉的第6位皇帝，在位时间16年，是汉文帝刘恒和窦皇后的长子。汉景帝时期，汉代的经济、文化等方面得到长足发展，在政治上平定了"七国之乱"，进一步削弱了地方诸侯势力，历史上将汉文帝和汉景帝时期的统治合称"文景之治"。当然，人们在称颂汉景帝的同时，可不要忘了他后面还有个母后，窦太后其实是朝政的实际操纵者。

窦皇后，有人称之为窦漪房，是汉文帝刘恒的皇后，生有一女刘嫖和两子刘启和刘武。刘启在10岁时被封为皇太子，汉文帝驾崩后，32岁的刘启继承皇位，就是后来的汉景帝。作为母亲，窦漪房由皇后升级为皇太后，但一直操纵着汉景帝，控制着政局，汉景帝见到这位皇太后也只能俯首帖耳、惟命是从了。

电视剧《美人心计》中有一个场景，窦漪房有事前来询问刘启，外面不知是谁喊了一嗓子"太皇太后驾到"，如果历史上真出现这种场景的话，估计那位喊话的大哥难逃一死了。太皇太后这一称号，指的是皇上的祖母、皇太后的婆婆。怎么和皇太后混为一谈呢？论起辈分来，皇太后可比太皇太后晚一辈，见到得喊"妈"呢！比如汉景帝吧，他的父亲是汉文帝，母亲是皇太后窦漪房，而汉景帝的祖母，汉文帝的母亲，窦漪房的婆婆，应该是汉高祖的嫔妃、汉景帝称其为"太皇太后"的薄姬。正因为比皇太后长一辈，所以才在"皇太后"这一名称前加一"太"字，表示比皇太后还大。

所以如果喊"太皇太后驾到"的话，进入屏幕的应该是汉景帝的祖母薄姬，而他的母亲窦漪房是万万进不得的。

（汉景帝）

还想知道更多吗？

请参看：《帝国九重天——中国后宫制度变迁》朱子彦著 中国人民大学出版社2006年版（"太后上尊号"188页—195页）。

汉景帝前元元年（公元前156年）

年号与中国的纪年

　　"汉景帝前元元年（前156年）"，顾名思义，那肯定就是汉景帝前元年号的第一年！如果各位都这么想，那汉景帝在天之灵真要感谢你们了，因为你们为他取了一个叫"前元"的年号，让他也过了把当有年号的皇帝的瘾。

公元年，现通行，彼欧美，至亚非。

吾古国，尚年号，分皇帝，皆不同。

现在如果有人问你，2008年，中国发生什么大事？相信所有的人都能回答举办了北京奥运会。如果问你，1949年，中国发生什么大事？也相信所有人都知道是中华人民共和国成立的一年。不过，如果问你，道光二十年，我们国家发生什么大事？估计很少人能联想到鸦片战争。这是怎么一回事呢？原因就在于现代人纪年的方法和古人是不同的。

现代人的纪年方法采用的是公元纪年，这是从西方传入中国的。西方人信仰基督教，把耶稣基督出生的那一年定为公元元年，离耶稣基督出生后有多少年，就称为公元某年。比如清朝是1644年建立的，这一年就是耶稣基督出生后的第1644年。同样，离耶稣基督出生前有多少年，就称为公元前某年。比如，孔子是公元前551年出生，这一年就是耶稣基督出生前的第551年。这种纪年，现在已经成为国际上通用的方法，被很多国家和地区使用。

清宣宗（1782年—1850年）

不过，我们的古人却有自己的纪年方法，他们不使用"公元"，而以在位皇帝的年号纪年。比如，清宣宗的年号为道光，从他登基的那一年称为道光元年，依次类推，第二十年就是道光二十年了。当然，在历史上，不少皇帝的年号并不只一个，比如汉武帝刘彻，在位期间就有建元、元光、元朔、元狩、元鼎等等。那么，建元元年就是

汉武帝（前156年—前87年）

汉武帝建元年号的第一年，元光三年就是汉武帝元光年号的第三年。

说到这儿，再看看电视剧《汉武大帝》中的一段字幕，"汉景帝前元元年（前156年）"，顾名思义，那肯定就是汉景帝前元年号的第一年！如果各位都这么想，那汉景帝在天之灵真要感谢你们了，因为你们为他取了一个叫"前元"的年号，让他也过了把当有年号的皇帝的瘾。

汉景帝刘启公元前156年登基，在位时间16年，至公元前141年，由他的儿子刘彻继承皇位，就是后来的汉武帝，年号建元。也就是从汉武帝开始，以后的皇帝们才开始使用年号。而汉景帝时期则没有年号，他登基第一年为元年，第二年为二年，到第八年的时候，又改回为元年，为了和第一个元年作区别，因此称第一年为前元年，第八年为中元年，第十四年为后元年。

现在，还请还原汉景帝纪年的真相吧，汉景帝时期没有年号，图片中的"前元元年"，以及后来剧情中出现的"前元三年"，都是误把"前元"两字当年号了，正确的写法应该是"汉景帝前元年（公元前156年）"。

汉景帝	前元年	中元年	后元年
	前元年（公元前156年）	中元年（公元前149年）	后元年（公元前143年）
	二年（公元前155年）	二年（公元前148年）	二年（公元前142年）
	三年（公元前154年）	三年（公元前147年）	三年（公元前141年）
	四年（公元前153年）	四年（公元前146年）	
	五年（公元前152年）	五年（公元前145年）	
	六年（公元前151年）	六年（公元前144年）	
	七年（公元前150年）		

（汉景帝年位图）

还想知道更多吗？

请参看：《中国历代帝王世系年表》杜建民编著 齐鲁书社1995年版（"年号"216页—219页）。

神人之所共嫉
天地之所不容啊，大王

涉嫌抄袭的刘濞

这样檄文是有分量了，造反也更有理了，但是时间就错位了，殊不知这句"通用"的话，一直要到几百年后的唐朝，才被一个叫骆宾王的发明出来。

汉刘濞，要夸大，找名言，写唐句。

神人嫉，天难容，宾王作，被发挥。

"神人之所共嫉，天地之所不容"，是一句造反推翻皇帝的代表词，凡是在古装电视剧里，只要有臣子犯上作乱的时候，似乎都要用上这一句话，一则表示这皇上已经坏到天理不容的地步了，二则自己推翻了这个皇上也就是替天行道、合情合理。同样地，皇帝旁边的大臣，助纣为虐，自然也一定在替天行道的范围内了。该句对仗工整，意思明白，仔细想想似乎也没有其他什么句子能取代这句话所包括的深邃涵义，于是大家都用吧，你也用，我也用，到最后西汉人也穿越到唐代，带回了这句话，用在刘濞造反所用的檄文上。

刘濞（前215年—前154年）

吴王刘濞本是汉高祖刘邦的侄子，因跟随刘邦平叛淮南王英布，从而得到刘邦的赏识，并封为吴王，封地在今江浙一带。后来刘邦的儿子景帝刘启当了皇上，根据大臣晁错的意见要割诸侯王的封地，于是这刘濞借题发挥，乘机联合楚、赵、胶东、胶西、济南和菑川，共7个侯国，打着"诛晁错、清君侧"的名义造了反，当时是否有檄文，不得而知。在电视剧《汉武大帝》中是有这么一道檄文，其中一句很有分量的话就是有个谋士向他说的"神人之所共嫉，天地之所不容"。刘濞听了，觉得很有道理，就把原先了檄文作了修改，其中就加进去了这句话。

这样檄文是有分量了，造反也更有理了，但是时间

骆宾王（约640年—约684年）

错位了，殊不知这句"通用"的话，一直要到几百年后的唐朝，才被一个叫骆宾王的发明出来。骆宾王是个诗人，7岁时就已经能做"鹅、鹅、鹅，曲项向天歌"了，是"初唐四杰"之一。但是他的仕途不顺，曾经名落孙山，当过隐士，从过军，还被人诬陷下过狱。光宅元年（684年），徐敬业起兵讨伐武则天，骆宾王也加入其中，作为秘书，写了《为徐敬业讨武曌叫檄》，简称《讨武曌檄》，其中大骂武则天是狐狸精，蛇蝎心肠，残害忠良，罪行累累，因此"神人之所共嫉，天地之所不容"，意思是说神仙和凡人都痛恨武则天，天地虽大都不容武则天立身，一定要除之而后快。

后来，武则天看了这篇檄文，赞叹骆宾王的文采，叹息自己没有将他网罗到身边。不过刘濞就不需要叹息了，因为他的身边就有一个会做"神人之所共嫉，天地之所不容"这样句子的谋士，只是这句话是这个谋士穿越后抄来的罢了。

（骆宾王）

还想知道更多吗？

请参看：《骆宾王全传》骆祥发著 上海人民出版社2011年版（"三十八 扬州起兵 讨武檄文卷狂澜"）。

李广究竟是怎么死的

　　这么重要的一个历史人物，却在电视剧《汉武大帝》中送上个"战死沙场"的结局，虽然符合李广悲壮式的人生，和他特立独行的豪迈性格，但唯独不符合历史的记载。

汉大将，有李广，守边塞，战沙场。

生豪迈，死悲壮，英雄气，空断肠。

李广，可谓是中国家喻户晓的一位汉代名将，他抗击匈奴入侵时的超人胆识和精湛技艺，以及传奇式的一生历来为文人学者所称道，经常成为文学作品中的素材。唐代诗人王勃《秋日登洪府滕王阁饯别序》中的那句"冯唐易老，李广难封"，已经成为了后人形容老来难以得志，慨叹命运多舛的代表。王昌龄《出塞》中"但使龙城飞将在，不教胡马度阴山"一句，不知鼓舞多少爱国志士征战沙场。便有那《水浒传》中的花荣，因为能百步穿杨，也被送上"小李广"的称号。

这么重要的一个历史人物，却在电视剧《汉武大帝》中送上个"战死沙场"的结局，虽然符合李广悲壮式的人生和他特立独行的豪迈性格，但唯独不符合历史的记载。

李广（？—前119年）

李广，陕西成纪（今甘肃省静宁县西南）人，他的祖先李信曾经跟随秦王政，击败过燕国太子丹的军队，因此受到重用，世袭仆射的职位。

汉文帝十四年（前166年），匈奴大举入侵，李广以"良家子"的身份从军。在军中，他善于骑马射箭，射杀了很多匈奴兵。汉文帝因此很欣赏他，认为如果这个人早生几十年，帮助汉高祖的话，一定能封为万户侯。汉景帝时，李广跟随周亚夫参与了平叛"七国之乱"的战斗，封为骁骑都尉。但因为他曾经私下接受梁王颁给的将军印，虽然有功，也只封了个上谷郡（今河北省张家口市一带）的太守。汉武帝时，李广因名声显赫，被任命为"未央卫尉"，相当于未央宫的戍卫长。后来，李广以卫尉身份又被任命为将军，兵出雁门关（山西省代县以北）和匈奴作战，因寡不敌众，不幸被俘获。

匈奴首领素闻李广威名，特定下令要留活口，所以匈奴兵没有杀他。因为李广有伤，匈奴兵把他放在两匹马的中间，走了10余里，李广装死，悄悄瞥见身旁有一个匈奴少年骑着一匹好马，于是他纵身一跃骑到马上，将这个匈奴少年推下马，并且抢了少年的弓箭向南飞驰。他一路奔回汉军军营，由此也得到了"飞将军"的称号。

元狩四年（前119年），大将军卫青和骠骑焦俊、霍去病出击匈奴，此时李广年岁已大，数次要求参加，都被拒绝。直到最后，才封他为前将军。在作战时，李广得知匈奴单于的所在，请求卫青派他为先头部队，和单于一较高下。谁知卫青并不同意，只把他的军队并到右将军的军队中，作为东边的侧翼。李广愤愤不平，结果在半道上又迷路了，

（李广）

错失了战机。回朝后，李广既惭愧又愤恨，于是拔刀自刎。李广死后，全国不管和他熟悉的还是不熟悉的，都为他感到悲哀。

由此可见，李广其实是自杀而死，并不是战死沙场。李广最后的自杀结局，更表明了一位一生征战的老将军郁郁不得志，不能实现其和单于作战的愿望的悲剧人生。如果真是在战场死的，也许倒是李广愿意见到的，那他也不一定是个悲剧式的人物了。

还想知道更多吗？

请参看：《中国历代军事家》中国军事史编写组编 解放军出版社 2004年版（"李广"276页—280页）。

你们不是把
金銮殿视为
圣地吗？

我们没有金銮殿啊……

所有的皇帝都能坐金銮殿吗

电视剧《三国》第一集中，曹操就提到了"金銮殿"一词，一下子
把金銮殿的历史向前推进了好几百年，把金銮地视为圣地的历史向前推
进了上千年。

金銮殿，唐出现，其始初，是偏殿。

清代后，方崇建，金黄色，现威严。

当皇帝，穿龙袍、坐龙椅，在金銮宝殿内，看着阶下的臣子山呼万岁，想要什么有什么，想让谁死就让谁死，想选多少妃子就有多少妃子，这似乎已经成了中国的普通老百姓的思维定势了。来北京的游客，首选之地就是故宫，人们都想在金銮宝殿周围走走，感受一下古代皇帝的"幸福生活"。可是，如果说故宫只是明成祖以后的皇帝办公和居住的地方，汉唐时的皇帝另有居处的话，估计就没有多少人能想得到了。

就拿人们通常说的"金銮殿"来说吧，提到金銮殿，首先印入人脑海中的就是金碧辉煌的宫殿，庄严而肃穆，宽敞而大气，无不透露出皇帝的威严，也只有这样的宫殿才配得上皇帝使用。

其实，金銮殿出现在唐代的大明宫，是其中的一个偏殿，没有皇帝在这里处理政务。它主要是皇帝召见文人学士时，提供给他们的临时集合地。因为和翰林院相邻，所以名气大增。明代第三位皇帝明成祖朱棣期间，于永乐十八年（1420年）建成故宫，其中并没有金銮殿，只有一座奉天殿。这座奉天殿几度重修，于顺治二年（1645年）定名为太和殿，后来俗称"金銮殿"。

朱棣（1360年—1424年）

这座宫殿是故宫中体量最大，等级最高的，主要用来举行重大的典礼活动，如登极即位、皇帝结婚、重大节日接受群臣朝贺、面考状元等。整座宫殿以皇家独有的金黄色为基色，体现出皇帝的至高无上。它至今还保留着原样，因为人们对它的印象太深，于是久而久之，就自觉地认为只要是皇上上朝处理政事的大宫殿都是金銮殿，殊不知金銮殿的名称最早也只到唐朝，秦汉时期官方并没有金銮殿的说法。

曹操（155年—220年）

东汉定都洛阳，皇宫分为南、北两宫，总共7个宫门，其中虽有许多宫殿，比如崇德殿、德阳殿一类，但并没有金銮殿，更没有把金銮殿视为圣地的说法。电视剧《三国》第一集中，曹操就提到了"金銮殿"一词，一下子把金銮殿的历史向前推进了好几百年，把金銮地视为圣地的历史向前推进了上千年。可惜这个词是在电视剧里提到的，如果能在史书中找到，应该也算一条轰动性的史料吧。

（太和门）

还想知道更多吗？

请参看：《故宫札记》单士元著 紫禁城出版社1990年版（"太和门和三大殿"226页—238页）。

貂蝉应该进宫嫁给
天子做贵妃

难做贵妃的貂蝉

当董卓第一次看到貂蝉时，十分喜欢，于是想借把貂蝉献给皇帝的名义，占为己有，因此说了一句"貂蝉应该进宫嫁给天子做贵妃"，结果自然是自己笑纳了。

貂蝉美，人皆知，称闭月，董卓迷。

贵妃号，到南朝，人再美，难封号。

中国古代有所谓的"四大美女"，指的是西施、貂蝉、王昭君、杨玉环，传说她们都有着出众的容貌，得到过天下君主或者英雄的心，历来的文学作品和民间传说中，总不缺少她们的影子。也不知道是何时，人们把她们和自然联系起来，认为她们的长相已经超过了大自然所塑造的天然美，于是"闭月、羞花、沉鱼、落雁"就成为她们以及以后一切美女们的代表。其中第一个"闭月"，说的就是貂蝉。

其实貂蝉是一个民间传说中的人物，小说《三国演义》中对她有详细的刻画。她本是东汉末年司徒王允所养的歌女。因当时董卓专政，滥杀无辜，朝中人敢怒不敢言，王允才使用连环计，先是将貂蝉献给董卓，又设计献给董卓的干儿子、大将吕布，两人为貂蝉而大打出手，王允也就借吕布之手刺死董卓。相传貂蝉有次在后花园拜月，突然一阵轻风，将一片浮云吹到月前，挡住了月光。恰好王允从这里经过，看到了这一幕，就夸这个歌女长得如何好看，连月亮就被她比下去，躲在云里不敢出来。不过，据说貂蝉是个小耳朵的人，因此要经常戴一副大耳环，以显得耳朵和头的比例不要太失调。

《三国演义》里的貂蝉其实是一个间谍式的人物，她既当了董卓的小老婆，又和吕布保持暧昧关系，和两个人

王允（137年—192年）

董卓（？—192年）

吕布（？—199年）

60

不清不楚，挑拨董卓和吕布之间的关系，直接导致董卓丧生。不过，谁叫这两人都是好色之徒呢。电视剧《三国》中说到了这个故事，当董卓第一次看到貂蝉时，十分喜欢，于是想借把貂蝉献给皇帝的名义，占为己有，因此说了一句"貂蝉应该进宫嫁给天子做贵妃"，结果自然是自己笑纳了。但即使真献给了皇帝，貂蝉恐怕也做不了贵妃，因为东汉末年，压根儿就没有贵妃这个职位。

历史上，贵妃作为嫔妃的封号之一，是有南朝宋孝武帝设立的，地位仅次于皇后，为第二等，与贵嫔、贵人，号称"三夫人"。唐宋时期，贵妃和淑妃、德妃、贤妃并称为"四夫人"，其中爵位正一品，最有名的，就数同为"四大美人"之一的杨贵妃了。直到明宪宗时，才在贵妃之上又设皇贵妃，贵妃才降至第三等，并沿用至清代。

这样，各位看官都清楚了吧，东汉时期，只有皇后，并没有贵妃的称号。董卓要让貂蝉做贵妃，怪不得王允大人一脸茫然，看来他是没听懂。

（貂蝉）

还想知道更多吗？

请参看：《帝国九重天——中国后宫制度变迁》朱子彦著 中国人民大学出版社2006年版（"妃嫔名号与等级" 41页—60页）。

尤其长子司马昭……

司马师

。。0我才是长子……

司马昭是司马懿的长子吗

　　历史上，司马昭确有其人。他本是司马懿和张春华所生的第二个儿子，比他的哥哥司马师小3岁，生于211年，卒于265年。

司马昭，有异心，擅专权，取代魏。

司马懿，是其父，有长子，司马师。

　　提起《三国演义》，只要是中国人，就没有谁不知道的。中国古典小说四大名著中，头一个就是它。《三国演义》也是四大名著中描写人物最多的一部小说，总共涉及约200个人物形象，刘备的仁、曹操的奸、诸葛亮的智、关羽的忠、张飞的勇，无不刻画得淋漓尽致，深入人心。这部小说以史书《三国志》为原型，在宏观的史实上，做到了实事求是。比如官渡之战，以曹操胜利为终，而赤壁之战，则以曹操大败为果。在人物关系上，如曹丕的父亲是曹操，弟弟是曹植，刘备的儿子是刘禅（shàn）都清楚明白。不过，并不是所有人都能熟读《三国演义》，于是乎当他们在讲述三国时，就出了问题，电视剧《三国》中的司马昭就是一个例子。

　　历史上，司马昭确有其人。他本是司马懿和张春华所生的第二个儿子，比他的哥哥司马师小3岁，生于211年，卒于265年。年轻时，他就随父出兵打仗，多有战功。公元239年，年仅28岁的司马昭被封为新城乡侯，正始初，又被任命为洛阳典农中郎将。公元249年，司马懿杀死了独揽大权的大将军曹爽后，司马氏父子开始了相继掌握兵权，专权国政之路。公元255年，哥哥司马师死后，大将军的职位传给了弟弟司马昭，他也由从此成了魏国炙手可热的人物，官封大将军加侍中，都督中外诸军等，次年又加封大都督、高都公。

　　公元260年，魏国的皇帝曹髦，不满司马昭把持朝政，架空皇帝的做法，准备发动政变，杀死司马昭。他愤恨地对手下的大臣王沈、王经、王业等说，"司马昭之心，路人皆知也。吾不能坐受废辱，今日当

曹髦（241年—260年）

与卿等自出讨之"。意思是说司马昭明显是要当皇帝的，这连不相干的过路人都看得明白，如果曹髦不采取行动的话，迟早也要被司马昭废掉。因此，曹髦率领宫内300余人前去讨伐。谁知早有人报知司马昭，司马昭赶紧派兵镇压。两军在宫内东止车门相遇，在混战之中，曹髦死于车上。因此关于司马昭，就有了一条成语"司马昭之心"，如果是歇后语，就是"司马昭之心，路人皆知"。这都可以用于比喻人所共知的阴谋和野心。

这次政变后，司马昭立曹奂为帝。没过几年，司马昭的儿子司马炎就废掉曹奂，建立新国，国号为"晋"，就是后来的西晋。司马昭也被追封为文帝，庙号太祖。

电视剧《三国》中，陈群说司马昭是司马懿的长子，是完全错误的，他竟然忽略了还有一个司马师。至于该剧刘备说曹操要篡国汉权，是路人皆知的事。殊不知这个典故要是几十年后曹操的曾孙子曹髦说出口的，刘备可无法代办！

司马昭(右)、司马攸(左)

还想知道更多吗？

请参看：《三国演义》〔明〕罗贯中著 人民文学出版社1973年版（"第一百一十四回 曹髦驱车死南阙 姜维弃粮胜魏兵"983页—989页）。

大乔小乔都有
伯牙、叔齐之才……

超越时空的两个人——伯牙和叔齐

  电视剧《三国》中，诸葛亮为促成孙刘联盟共抗曹操，智激周瑜，明知大乔和小乔是孙权和周瑜的老婆，还建议把她们献给曹操，其中诸葛亮称赞她们二人有"伯牙叔齐之才"。这真是不说还好，一说更糊涂，不知道伯牙和叔齐超时空配合在一起，到底怎么有才了？

俞伯牙，钟子期，是知音，古难觅。

伯夷兄，叔齐弟，让王位，气节巨。

中国人的姓名一般为二字或三字，所以相同的很多，如果有人在街上喊一声"王伟"，估计真就有答应的。不但现代人名字容易重复，古人也是如此，比如一个"李纲"吧，唐代、宋代、明代都有大臣叫这个姓名的，很容易混淆。相同的容易弄错也罢，还有不同的名字，因为读音相近，也容易让人记错说错。比如，伯夷和伯牙，子期与叔齐这个风马牛不相及的人，即使是学富五车的诸葛亮老先生，也容易糊涂，把他们混为一谈了。

诸葛亮（181年—234年）

例如，电视剧《三国》中，诸葛亮为促成孙刘联盟共抗曹操，智激周瑜，明知大乔和小乔是孙权和周瑜的老婆，还建议把她们献给曹操，其中诸葛亮称赞她们二人有"伯牙叔齐之才"。这真是不说还好，一说更糊涂，不知道伯牙和叔齐超时空配合在一起，到底怎么有才了？

伯牙，全名俞伯牙，是春秋时期的人，他有一个至交好友叫钟子期。伯牙擅长弹琴，而钟子期善于听琴，理解伯牙弹琴时的心情。伯牙弹琴时想着登高山，钟子期听着琴声就说，真好听啊，我好像看见了巍峨的泰山。伯牙弹琴时想到流水，钟子期就说，真好听啊，我好像看见了汪洋的江河。后来，钟子期不幸死去了，伯牙很难过，认为从此无知音，也不再弹琴了。后人用"知音"形容最要好的朋友，就是从伯牙和钟子期的故事而来的。因此，讲知音的典故中都是伯牙与子期。

伯夷和叔齐是一对兄弟，伯夷是哥哥，叔齐是弟弟，他们是商末孤竹君的两个儿子。相传孤竹君要把王位传给叔齐，可是按照继承制度，王位应该由哥哥伯夷继承。孤竹君死后，叔齐把王位让给伯夷，谁知伯夷也不肯接受，于是二人都不要王位，逃到周国。这时正值周武王伐商，伯夷叔齐觉得武王作为商纣的臣子，不应该以下犯上，弑君夺位。他们在半途中拦住武王的马，骂他是个不忠不孝之人。周朝建立后，伯夷叔齐耻于做周的臣民，于是又逃到首阳山上（今河北省迁安市岚山），发誓不吃周朝的粮食，只吃一些野菜，结果活活饿死了。后人说到伯夷叔齐饿死首阳山之事，多形容他们是有气节的圣贤，成为古代忠臣的楷模。因此，讲气节的典故中是伯夷和叔齐。

因此，伯牙和叔齐根本就是两个时代人物的代表，一个代表知音朋友，一个代表气节忠臣。如果诸葛亮想夸赞大乔和小乔的琴艺高超，那就应该说二人是如伯牙、子期之才。所谓的"伯牙叔齐之才"真的不知道是什么才，有些让人迷糊了。

（华嵒《二乔玩春图》局部）

还想知道更多吗？

请参看：《警世通言》〔明〕冯梦龙编 海南出版社1993年版（"第一回 俞伯牙摔琴谢知音"1页—10页）。

天下兴亡
匹夫有责

哇，好有文采……

匹夫何时有责

　　各位看官注意了，《汉武大帝》中，西汉时代的袁盎面对国家有分裂危险这样关乎生死存亡的关键时刻，在和窦婴谈论是否应削去吴国的会稽、豫章两郡时，按捺不住说了一句"天下兴亡，匹夫有责"，贴切是贴切，就是到清代梦游了一回。

顾炎武，写《正始》，保天下，匹夫义。

梁启超，后总结，传天下，励后学。

一提起"天下兴亡，匹夫有责"这句话，估计只要是中国人就没有不知道是什么意思的。每每在国家关键之时，爱国志士来上这么一句，既显示出自己强烈的爱国心，也不乏提高了自己的位置，因为连作为平民百姓的"匹夫"都要救国，何况是"我"呢！于是乎，匹夫就成了爱国人士学习的榜样，每次一想到匹夫，好像也给了自己无穷的力量，成了人生路上的导师和明灯了。

不过，很可惜，在中国历史上能留下名的匹夫倒没几个，它只不过是一个下层人民的代号，类似于爱国人士贴出来的宣传标语，好像每一朝代的人都应该有几个人这样说才对。各位看官注意了，《汉武大帝》中西汉时代的袁盎面对国家有分裂危险这样关乎生死存亡的关键时刻，在和窦婴谈论是否应削去吴国的会稽、豫章两郡时，按捺不住说了一句"天下兴亡，匹夫有责"，贴切是贴切，就是到清代梦游了一回。不过幸好，这句好还是个成语，如果说成"同胞们，大家起来啊，担负起为国效力的重任"，那估计所有人都认为他疯了！

"天下兴亡，匹夫有责"是一句古话，不过它出于离西汉近两千年的清代学者顾炎武的口中。顾炎武本来是明朝人，清人南下灭亡明朝后，他便成了亡国奴，并目睹了国家灭亡时的一系列惨象，于是立志要学习对社会有实际

袁盎（？—前148年）

顾炎武（1613年—1682年）

意义的学问，提倡实学，唤醒当时人们的爱国心。他有一本代表著作《日知录》，书中有一篇名为《正始》，其中提到"保天下者，匹夫之贱，与有责焉耳矣"。翻译成白话文就是：保卫国家这件事，即使是平头老百姓，也应该承担起责任。近代的梁启超将顾炎武的这句话最终总结为"天下兴亡，匹夫有责"。

现在我们知道了，西汉再怎么到了危急时刻，在袁盎的口中，是万万蹦不出这样的话来的。匹夫在什么时候都有保家卫国的责任，不过说"天下兴亡，匹夫有责"这句话的责任，还请袁先生让贤，由千年以后的志士们去承担吧！

（顾炎武）

还想知道更多吗？

请参看：《中国近三百年学术史》上册 钱穆著 商务印书馆1997年版（"顾亭林"134页—174页）。

曹操

王仫

衣服穿错了……

三国时代的"乱穿衣"

　　古人穿衣，在衣襟方面，一般采取"右衽"的方式，即左前襟掩向右腋系带，将右襟掩覆于内，即左衣襟压右衣襟，这种方式也是汉服的主要特征之一。

古穿衣，有规矩，左压右，是礼仪。

若穿错，要碰壁，关生死，成蛮夷。

衣服的发明，似乎和火、文字一样，成为人类从蛮荒走向文明的标志。西方文化中的亚当和夏娃本来是无忧无虑地生活在伊甸园里的，只是在偷吃禁果之后，互相羞于看到对方的裸体，于是用无花果的叶子编成裙子穿，结果犯了天条。似乎他们是西方发明衣服的创始者。

中国古代到底是谁发明了衣服，现在似乎还没有定论。不过在北京周口店的猿人洞穴中发现了缝纫用的骨针可以证明，数十万年前我们的老祖宗就知道穿衣服了。后来，黄帝的老婆嫘祖发现了蚕丝，虽然是神话传说。由此也可以推断出，自打有"炎黄子孙"这一名词开始，我们不但有衣服穿，而且还有舒适的面料，在世界服装史上应该算很文明了。

不过，文明的发展并没有到此结束，衣服不但要穿得舒适，还要穿出含义来，不但士大夫和普通老百姓的穿戴不同，而且汉人穿戴还要和蛮人穿戴区别开了，久而久之形成了一套中国古代特有的穿戴方式。档次虽然确立了，但是繁缛的礼节倒是为现代人带来了难题，古代人到底是怎么穿衣服的？终于在糊里糊涂中，我们要为古人的服装"设计装扮"了。

其他暂且不说，但就以衣襟为例，到底是左衣襟压右衣襟？还是右衣襟压左衣襟呢？答案是都可以，但是两种穿戴的方式所表现出来的意义却截然不同。

古人穿衣，在衣襟方面，一般采取"右衽"的方式，即左前襟掩向右腋系带，将右襟掩覆于内，即左衣襟压右衣襟，这种方式也是汉服的主要特征之一。如果是"左衽",即右衣襟压左衣襟则是蛮族的穿法。比如春秋时期的孔子,佩服齐国的管仲,认为如果没有管仲辅佐齐桓公称霸的话,中国早就被蛮族侵占了,之后他赞叹地说了一句"微管仲,吾其被发左衽矣",意思说如果没有管仲,连自己也会披着头发,用右衣襟压左衣襟,变成蛮族了。古代还有一种情况也是用"左衽"的,它是代表死去的人。在汉墓壁画和先人画像中,通常能看到这种穿戴,表示逝去的人和活着的人阴阳两隔。新版电视剧《三国》中一开头,曹操和王允都采用了"左衽",看来他们之间的对话只有两种:"莫非我们是在阴间相会吗?"或者"原来你也降了蛮族了!"

(曹操)

还想知道更多吗?

请参看:《沈从文全集》32卷《中国古代服饰研究》沈从文编著 北岳文艺出版社2002年版("长沙马王堆一号汉墓中几件衣服"155页—159页)。

刘备建立的真是蜀国吗

以上的大旗，是上世纪90年代初期拍摄的电视剧《三国演义》中的一个镜头，大旗上赫然标着一个"蜀"字，毋庸置疑，这就是刘备建立的蜀国大旗了。等等，刘备建立的到底是不是蜀国呢？

汉与蜀，不全同，史称蜀，后人属。

国号汉，刘备建，蜀字旗，不能现。

曾经有一段传统相声，很多艺术家，如侯宝林、苏文茂等都曾经表演过，名叫《歪批三国》，也有称《批三国》的，内容有些许不同，不过说的都是调侃小说《三国演义》中内容，听后哈哈一乐，倒是觉得有趣。不过所谓"歪批"者，顾名思义，就是说相声中的内容和《三国演义》是不同的，或者是不着调的，言外之意《三国演义》中的内容才是正统。

中国人爱看《三国演义》，其中的人物和故事多半已经深入人心，提到魏、蜀、吴，谁都知道是三国，不论是刘、关、张，还是曹操，总能说出个好歹来。中国人也爱学《三国演义》，不是有句话叫"少不看《水浒》，老不看《三国》么？"就是因为这部书中写了很多谋略计策，害怕年纪大的人学了去，落得个老奸巨猾的罪名。

不过，三国的历史和《三国演义》毕竟是两回事，因此，古往今来总有一些学者，要还原历史人物。于是曹操成了乱世英雄，而关公也从神坛上被人拉回到现实。不过，一般的老百姓似乎并不认账，提到关公，还是要顶礼膜拜，三跪九叩的，他依旧稳稳坐在财神爷和护法神的宝座上。正因为如此，现在各地的关帝庙、张飞庙、诸葛亮庙，都成了各地文化搭台、经济唱戏的桥头堡，也成了城市文化形象的代表了。

但这些热闹中，也会犯点小错误。图上的大旗，是上世纪90年代初期拍摄的电视剧《三国演义》中的一个镜头，大旗上赫然标着一个"蜀"字，毋庸置疑，这就是刘备建立的蜀国大旗了。等等，刘备建立的到底是不是蜀国呢？

刘备，属汉代宗室一员，小说中的刘备经常自称为
"中山靖王之后，孝景皇帝玄孙"倒不为过。东汉黄巾起
义之时，天下大乱，作为没落皇族的刘备，集结地方武
装，参加了镇压起义军的阵营，此后势力逐渐扩大，公元
208年赤壁之战时，他联合孙权一举击败南下的曹操，并乘
机消灭刘璋，占据了湖北、湖南、四川等地，成为地方强
大的地方割据势力。

公元221年，刘备以继承汉朝基业，统一全国为口
号，创立了一个国家，国号为"汉"。后来人们在编写史
书时，因该国地处四川，古来为蜀地，所以才称之为"蜀
国"或"蜀汉"，然而这个称号并没有和刘备一干人等商
量，他们也没有预知的能力，因此是无从知道的，他们依
然打着标"汉"字的大旗，做着统一全国的大业，断然没
有打出带"蜀"字的大旗道理了。

（刘备）

还想知道更多吗？

请参看：《三国演义》罗贯中著 人民文学出版社 1973年版（ "第
八十回 曹丕废帝篡炎刘 汉王正位续大统" 683页—690页）。

魏
征

魏征的头发

　　我们中国人重视头发，不仅表现在头发的长度上，还表现在头发的样式上，总是要把它打理好，不能显得太凌乱，这倒类似于现代人做发型，虽然类型不会像现在这么丰富，但是所表达的意义却比现在鲜明。

体肤发，很重要，父母予，须珍惜。

成年后，要束发，修好身，后天下。

中国人历来似乎是很重视自己的头发的，几千年前的孔老夫子就把头发当成命一般，"身体发肤，受之父母"，并告诫他的学生曾子，要好好保护头发，万万毁坏不得，这才算是孝敬父母，算个完整的人。因此，除非像吴国第一代君主吴太伯那样的贤人，在断发之后还能受人敬仰之外，普通人剃发或断发将会视为没有教化的野蛮人。古代有一种叫"髡"的刑法，就是把人的头发剪了，以示惩罚，他给人带来的侮辱不亚于在脸上刻字。

我们中国人重视头发，不仅表现在头发的长度上，还表现在头发的样式上，总是要把它打理好，不能显得太凌乱，这倒类似于现代人做发型，虽然类型不会像现在这么丰富，但是所表达的意义却比现在鲜明。

古人8岁的时候，开始读小学，学习一些基本的文字和基本的礼节知识等，也许是因为年纪还小，头发并没有长得很长的缘故吧，这些孩子们的头发都是垂下来的，陶渊明在《桃花源记》中提到的"黄发垂髫"，其中的髫本意是儿童额头上弯曲下垂的头发，"垂髫"指的就是儿童。当孩子长到15岁时，就要学习"大学"，需懂得更多的技艺和礼节，以修身、齐家、治国、平天下为己任，也正在这时，他们的头发必须向上扎起来，通称"束发"。

古代到相应年龄的男子，必须束发，否则会被人视为异类，不为社会所接受。我们现在看古人的绘画，只要画的是清代以前中原人的形象，没有不束发的，除非是削发成了和尚，或是披头散发的神仙刘海蟾一类。古代人的"束发"传统直到清代时被打破，满族人入主中原，有

78

强迫汉族男人取消束发的传统，而采取满人的发型，就是脑袋前面剃光，后面扎成长长的辫子，至于具体样式，在所有的清宫片中都有体现，不用再烦述。辛亥革命后，中国人的长头发才被完全剪掉，头发的"革命"才算告一段落。现在的男同胞，不用再束发，更不必把脑袋的前半部分剃光，只要自己喜欢，弄什么发型都可以，这也算是给头发松了绑，体现人的自由的一个表现吧。

魏征（580年—643年）

魏征是唐代的名臣，历史上以直谏敢言著称，主张以儒家的"仁义"思想为治国理念。这样一位受儒家思想熏陶的历史人物，在电视剧《秦王李世民》中居然以留着胡子，披着头发的形象，展现在观众面前，实在不可理解。难道他此时正在学仙术，改行当神仙吗？这不得而知了。不过他的发质倒是不错，好像还用离子烫拉得很直，他为这个发型真是费了不少工夫。

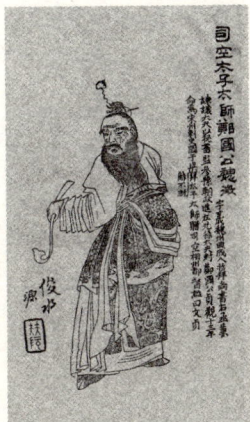

（魏征）

还想知道更多吗？

请参看：《发饰与风俗》李云著 上海文化出版社1997年版（"上古时代的中国"56页—60页）。

唐僧能看到线装书吗

　　唐僧师徒在过通天河的时候，经书见水受潮，于是，师徒四人忙着晒经。我们可以清楚地发现，这些书都采用了线装的装订形式，这可有些超前了。

《西游记》，写玄奘，取真经，去西方。

彼时经，未装订，用卷轴，或经折。

　　《西游记》是我国古典小说四大名著之一，在我国文学史上占有重要地位，一直深受广大人民的欢迎。根据原著改编的电视剧《西游记》正式与观众见面，也受到一致好评，成为每年寒暑假，青少年最喜欢收看的电视剧之一。但是，就是这样一部经典作品中，也不可避免地出现了小错误。

　　央视版《西游记》最后一集中，释迦牟尼佛让他的两位弟子摩诃迦叶和阿难陀传授佛经于唐僧师徒，其中费劲周折，最后才取得真经。后来，唐僧师徒在过通天河的时候，经书见水受潮，于是，师徒四人忙着晒经。我们可以清楚地发现，这些书都采用了线装的装订形式，这可有些超前了。

　　线装书是我国古籍装订的主要方式，也是现在我们最常见的古籍装订方式，但它绝不是唯一的方式。我国在先秦时期就有了所谓的书，当时的人们把书写在木板或是竹简上，以便于流通。文字较短的如信件等就写在木板上，当文字较长，木板写不下时，就开始使用竹简。人们会将竹简截成有一定的长度和宽度的竹条，并用熟牛皮等将这些竹简穿在一起，防止散落。这些书在不使用时可卷起，既不占用空间，也方便携带。东汉时，蔡伦改进了造纸术，竹简逐渐被纸所代替，成为主要的文字载体。但是，这种纸书仍旧采取卷轴的装帧方式，类似于现在我们所能见到的书画的装帧。

　　唐僧所处的时代是唐贞观年间，此时的图书正是采取卷轴的形式。佛经也采取这种形式或者采取另一种叫做"经折装"的方式。所谓"经折装"，是由卷轴装改进而来，因卷轴在展开和卷起时都比较费时，其与卷轴装的最大不同在于，后者是把长纸卷起，而前者是把长纸折叠起来，第一面和最后一面贴上书面。因为这种装订方式主要被用于佛经，因此又叫做"梵夹装"。

在此时期，造纸术还没有传入印度。僧侣们就把佛经抄写在一种叫贝树叶的菩提树叶上，这种树叶宽且后，经过特殊处理后，能够刻写文字。每一本书都有若干树叶垒成，上下压以木板，并统一穿以细绳捆好存放。在我国云南、西藏，以及东南亚等地，我们还能看到这种类型的佛经。

线装书则是明代正式出现的，书也采取册页形式而不是卷轴形式，因此，在电视剧《西游记》中唐僧自己所携带的在取经路上看的书则不可能是线装的。

（金陵世德堂本《西游记》插画）

还想知道更多吗？

请参看：《中国古代书籍史话》李致忠著 商务印书馆1996年版（"中国古代书籍的装帧形式"113页—146页）。

她　她叫武媚娘……

武士彟（yuē）死时能喊武媚娘吗

武则天在她父亲死后的第二年，即公元637年就入宫成了唐太宗的才人（既是女官又可作为嫔妃）。刚开始很得到太宗的宠幸，赐名"武媚"，所以又有称她为武媚娘的。

名武媚，太宗赐，未入宫，哪得闻。

叫武曌，也不易，称帝后，定新名。

中国的皇帝，不管是好皇帝还是坏皇帝，年轻的还是年老的，总归都要娶妻纳妾。这些个后妃们一多，总要分出个受宠不受宠来，还有那后宫斗争废了皇后的，死了妃子的，为此不知连累了不少史家和小说家，或如实、或隐晦、或听说、或瞎编地把这些事记录下来，供后人研究、赏玩。其中当然也少不了中国历史上唯一的女皇帝——武则天。

提起武则天，想必没有中国人不知道她的，女皇帝的身份使她超越了中国古代几乎所有的女性，成为吸引人们眼球的最大资本，一个女人如何开始了她的创业史，如何一步步在所谓男人统治的世界中拔得头筹，围绕着这些都有不少的历史记载。

然而真正知道她的，似乎也并没有多少人。因为我们感兴趣的武则天，更多的是关于她的野史和传说，比如怎么害死了身边的人，怎么挑年轻貌美的男宠，怎么用皇帝权力一类的。其他的话，也许是太明确，没兴趣的缘故，我们反而不太重视了，比如拿"武媚娘"这个名字来说吧，乍一听像是个女孩的乳名，于是就想当然地觉得应该是她老爸武士彟给起的了，谁知和武士彟一点关系也没有。

武士彟，原本是一个木材商人，当过隋朝的官。因为结识了李渊、李世民父子，才走上了政治发迹之路。在和隋朝的战争中，武士彟给予了李渊父子很大的支持，在李渊当上皇帝后，他作为功臣，掌握数州军政大权，先后担任过工部尚书、利州（今四川广元）都督、荆州（今湖北江陵）都督等职。武则天是他的次女，生于公元624年，在她12岁，即公元635年时，唐高祖李渊驾崩，同年武士彟也去世，被追赠礼部尚

书，谥号为"定"。电视剧《武则天秘史》中也有武士彟
这样一个角色，但是却渲染了他的死因，认为他是战死沙
场，并于临终前介绍了一位"武媚娘"女士给唐太宗李世
民，人之将死，其言也善，看来唐太宗接纳武媚娘于情于
理都说得通了。

　　武则天在她父亲死后的第二年，即公元637年就入宫
成了唐太宗的才人（既是女官又可作为嫔妃）。刚开始很
得到太宗的宠幸，赐名"武媚"，所以又有称她为武媚娘
的。至于"武曌"这个名字，从字形上看，代表者日月当
空、唯我独尊的意味，更是她在称帝以后，自己给自己取
的新名，"曌"字也是她的自己创作。至于武则天这个名
字，就更晚了，因为她死后被尊为"则天大圣皇帝"，所
以后人才叫他武则天，而她的原名现在已经无法查实了。

　　看来电视剧上的武士彟死得很无辜，他不仅吐血而
死，没有寿终正寝，反而多给自己的女儿起了个武媚娘的
小名和武曌的大名，不过喊冤也没用，他终究早死了，百
口难辩！

（武则天）

还想知道更多吗？

　　请参看：《武则天正传》林语堂著 张振玉译 湖南文艺出版社2012
年版。

娘娘千岁！

武媚娘

？？？

萧淑妃

谁能被称为千岁

电视剧《太平公主秘史》中，武媚娘见到萧淑妃时，给她请安，说了一句"淑妃娘娘千岁"，幸好是电视剧里。如果历史上真有此事，估计武媚娘也直接被治罪了，成不了女皇帝。

古有伦，仪有序，对皇帝，呼万岁。

萧淑妃，是嫔妃，称千岁，礼不对。

一提到"万岁"，估计没有人不知道的，万岁即指皇帝，皇帝就是万岁。但是，要提到千岁，似乎并不是那么清楚了。皇帝只有一个，只有他能享受"万岁"的头衔，这个没有疑问。但是皇帝以下有很多人，譬如在朝当官的，后宫当皇子的，还有皇上的父母、老婆、兄弟姐妹、家奴，他们究竟谁是千岁呢？如果有现代人穿越回古代，见到这些人，应该怎么称呼？要是称呼错了，被办了死罪，要杀头，岂不是白穿越一趟了么？看来，还是要了解一些。

电视剧《太平公主秘史》中，武媚娘见到萧淑妃时，给她请安，说了一句"淑妃娘娘千岁"，幸好是电视剧里。如果历史上真有此事，估计武媚娘也直接被治罪了，成不了女皇帝。

其实，在我国古代，谁能成为"千岁"有一定的规定，别人并不能随便乱喊。"千岁"从字面的意义上看只比"万岁"低一个档次，所以在历史上，也就是地位较皇帝稍低的那些人，包括皇族、臣子、后宫等。

古代时，为了保证皇帝的江山不被外姓篡夺，历史上一直守着"同姓封王"的规定，即皇帝的同姓叔伯、兄弟、子侄，可以被封王。外姓人不管功劳多大，职位多高，都不准封王，最多只能封公。汉高祖刘邦，就曾经和群臣杀白马立盟起誓，凡是外姓人称王的，天下人共诛

武媚娘（624年—705年）

萧淑妃（？—655年）

之。吕雉掌权后要封吕家的人为王，遭到右丞相王陵反对，为此还闹了脾气。朱元璋建立明朝后，大封诸王，也都是子辈。但凡外姓的王，都是死后追封的。这些王一般会被称作"王爷"或是"千岁"，以表示他们崇高的地位。

但是，历史发展并不是那么简单，"同姓封王"也不是那么绝对，如果遇到权臣把持朝政，皇帝自身难保之时，异姓也有封王的时候。比如曹操本是汉臣，但他在朝中权极一时，逼迫汉献帝于216年封他为魏王。封王之后的权臣，也就能称之为"千岁"了。明朝末年，有个名叫魏忠贤的太监，自立"阉党"一派，专擅朝政，臭名昭著。当时有"只知有忠贤，而不知有皇上"一说，他虽然没有被封为王，也被称为"九千岁"。

曹操（155年—220年）

魏忠贤（1568年—1627年）

此外，后宫里的皇太后、皇后，因为有"母仪天下"的身份，执掌后宫，相当于后宫的"皇帝"，众嫔妃都要听命于皇太后、皇后，所以也被称为千岁。

还有中国周边的附属国，为了表示对中国的臣属关系，它们的国君也自称千岁。太平天国时，因为封王的人太多，称"千岁"已经不足以表示王与王之间的高下级别，所以又分为九千岁、八千岁、七千岁、六千岁等等。辛亥革命后，清朝被推翻了，"万岁"没有了，"千岁"也退出了历史舞台。现在谁要是再想见千岁，只能求助穿越了。

（唐高宗 李治）

还想知道更多吗？

请参看：《帝国九重天——中国后宫制度变迁》朱子彦著 中国人民大学出版社2006年版（"海内小君的六官之主"1页—21页）。

伤不起的脑袋

　　《太平公主秘史》中，萧淑妃为了陷害武则天，弄虚作假，找个假的冯小宝来诬告。只看那个假小宝华丽丽的光头上分明烫着几处戒疤，只能说一句实在是伤不起啊！

冯小宝，生于唐，在当时，做和尚。

烫香疤，含深意，至元朝，始成习。

提起中国的和尚，大家首先想到的莫过于吃斋念佛，再想到的，估计就是和尚披着袈裟和光光的脑袋的形象了。据说，在佛教教义中，头发代表着无数的烦恼，如果是出家当和尚，那就一定要断绝人世间的烦恼，把头发剃光。而头发在中国古代人看来是授之于父母，千万要保护好了的，否则就是对父母的大不敬。因此，在中国的佛教信仰中，剃光了头发，有了更深层次的含义，就是代表着无牵无挂，一心向佛。

不管出于何种原因，和尚剃光头是不争的事实。普通人在出家剃光头时，则被称为"剃度"。但如果有人注意一点的话，会发现有些和尚的头上虽然没有头发，却多了一些白色的、呈方形排列的痕迹，这就是人们通常所说的"香疤"了。

冯小宝（？—694年）

《太平公主秘史》中，萧淑妃为了陷害武则天，弄虚作假，找一个假的冯小宝来诬告。只看那个假小宝华丽丽的光头上分明烫着几处"香疤"，只能说一句实在是伤不起啊！

所谓"香疤"，又叫做"戒疤"，就是在和尚的头上用点燃的香烫出圆形的疤，根据和尚出家时间和修养的不同，头上香疤的数量也不同。在一些影视剧里面，大家经常能看到这样的场景。例如，电影《少林寺》中，十二棍僧救唐王时，那些和尚各个头顶香疤，武功真是厉害极了！以至于如果看到没有香疤的和尚，似乎总觉得缺少了什么似的。

事实上，中国本没有和尚烫香疤的习惯，要是有人想出家，寺庙里的和尚只要"剃度"了他就可以了，并不用刻意地烫香疤。这种习惯一直延续到元朝才被打破，因为元朝是蒙古人统治，为了防范汉人伪装成僧侣从事反抗朝廷的活动，特地将真的和尚头上烫上香疤，以便区别。另外，还有一种说法认为，元世祖至元二十五年（1288年），有一个叫志德的高僧，因为他对佛教非常虔诚，特地为自己和弟子烫了香疤，表示终身不悔改，不蓄发。

在唐代时，佛教虽然在中国兴盛，但和尚们并不至于要接受这样的仪式。剧中的伪冯小宝他原本就是个不入流的和尚，竟然还穿越到元代，烫了香疤再回来，倒是错上加错了。

（玄奘西行）

还想知道更多吗？

请参看：《唐代佛教》〔美〕斯坦利·威斯坦因著 张煜译 上海古籍出版社2010年版（"高宗统治时期"29页—38页）。

奴才？

奴才遵旨……

爱开玩笑的奴才

　　即使是"奴才"这一称号，也不是随便就能叫的。清朝的宦官，作为皇上的家奴，自称奴才是有的。但如果一下上溯到唐代，宦官们也自称奴才起来，皇上们估计也只能目瞪口呆，不知所以然了。

说奴才，话奴才，刚开始，骂人语。

清代后，宫廷有，主奴制，皇上仆。

　　"奴才"，在中国似乎并不是什么好词语，但凡骂人时，指着别人的鼻子来一句"狗奴才"，那可是对别人的蔑视到了极点才会说出的话。别人听到这样的话，即使性子再好，估计也要涨红了脸，或打或骂了。看来，奴才是和狗交了朋友，成了一对难兄难弟，从此以后不论是奴才还是狗，都只能背着蛇鼠一窝、狼狈为奸的罪名。另外，还有那《水浒传》上石秀骂道："你这与奴才做奴才的奴才"，可真谓是骂到极点了，让人转不过弯来，但倒是解气解恨的很。

　　不过，即使是"奴才"这一称号，也不是随便就能叫的。清朝的宦官，作为皇上的家奴，自称奴才是有的。但如果一下上溯到唐代，宦官们也自称奴才起来，皇上们估计也只能目瞪口呆，不知所以然了。

　　"奴才"一词，在中国最早出现在魏晋南北朝时期，最初的意思并不是自称，而是用来骂人的。十六国匈奴汉国的创始者刘渊就曾经因成都王颖不用其言而导致兵败，而大骂其为奴才。《颜氏家训》中也提到过"奴才"一次，书中说，贵游子弟，平时趾高气昂，得意忘形，一旦遭了难，原形毕露，再没有以前的风光了，就是一群奴才。这也是包含着对别人蔑视的贬义之词。这种用法一直延续了很长的时间，直到明清时期，"奴才"的用法才逐

刘渊（？—310年）

93

渐扩大为某些人的自称。不过，这还是有着很大的限制。比如清朝时，奴才可不是一般人能自称。除了太监能在皇上面前自称奴才之外，还有就是满族的官员。而汉族的官员即使官职再大，也不敢贸然自称奴才，只能称臣。乾隆时，有一个汉臣马人龙，因为在一份奏折中和满臣天保一起自称为奴才，使得皇上龙颜大怒。其原因就在于，满族的皇帝和官员一直奉守着"主奴"制度，只有宦官和满臣才是皇上家的奴仆。

现在再看看以上的图片，《至尊红颜》中那位胖胖的唐朝宦官在皇帝面前说"您别拿奴才开玩笑了"，这哪儿是皇帝跟他开玩笑呢？实在是他在屏幕上和观众们开了个大玩笑啊！

（高力士脱靴图）

还想知道更多吗？

请参看：《中国宦官制度史》余华青著 上海人民出版社1993年版（"关于宦官的称谓"8页—10页）。

不能摆设的唐三彩

电视剧《太平公主秘史》中，武则天的女儿太平公主和薛绍二人正在眉目传情，文身铭记的浪漫之际，身后俨然摆放着的骆驼形状唐三彩，可真是一个大"灯泡"啊！

唐三彩，艺术品，当古董，好摆设。

切不知，唐奢侈，生产时，做冥器。

　　现在，如果有人去朋友家做客的话，看到朋友家里有摆设了一些古董，似乎已经是习以为常的事了。摆设的器物有很多，从殷商时期的青铜鼎，到宋元时期的名画，再到清代的官窑瓷器，一件件器物提升了家中的文化品位，也显示了主人对传统文化的欣赏和尊敬，其中就少不了唐三彩。

　　唐三彩作为唐代陶器制作中的精品，已经有上千年的历史了。它以黄、褐、绿三色，为基本釉色，经过在烘制过程中发生不同的化学变化，而呈现色彩斑斓、层次分明、花纹流畅等特点，代表了唐代最高的绘画和雕塑成就，是不可多得的艺术珍品。唐三彩的器物有很多，平时比较常见的有人物（仕女、胡人），动物（骆驼、马），另外还有器物（酒器、碗、盘、文具），房屋等。后人将这种兴盛于唐代的陶器称为唐三彩，历来为人们所喜爱和收藏。唐代人也喜欢唐三彩，只不过他们的喜欢方式和后人有所不同。后人将唐三彩放置家中作为艺术品的摆设，而唐人更多地将唐三彩带到墓中，成为陪葬的主要物品。

开元时期（713年—741年）

　　武则天到唐玄宗开元时期，唐三彩的主要目的就是陪葬，它最初就是作为一种陪葬品被认识和使用。唐代是我国封建社会的兴盛时期，国家疆域广大，国富民强，著名的"贞观之治"和"开元盛世"就是发生在唐代，它在一定程度上代表着我国古代社会发展的高峰。人民生活水平富裕了，生活质量也相应提高，不但生时要享受幸福生活，就是死了，在阴间也不能过苦日子。于是，他们用泥土塑造了人世间的繁荣景象和日常用品等器物，在死后放在墓中，代表墓主人升天后仍旧能过上生前的生活。因为唐三彩是一种陶器，它的用料就是普通的泥土，制作工艺也比不上瓷器，因此并不适合讲求奢靡生活的唐人使用，更不会摆在家中作为艺术精品陈列起来。

> 安史之乱（755年—763年）

自从安史之乱后，唐代的国力逐渐衰弱，再没有以前的辉煌，丧葬习俗也逐渐改变，使用唐三彩陪葬已不再流行，人们更多地制作出生活器物类型的唐三彩，并在生活中实际使用。也就在这时，唐三彩的制作工艺也突然衰退，并逐渐消失。后人再想烧制盛唐时期的唐三彩基本不可能了。

电视剧《太平公主秘史》中，武则天的女儿太平公主和薛绍二人正在眉目传情，文身铭记的浪漫之际，身后俨然摆放着的骆驼形状唐三彩，可真是一个大"灯泡"啊！

（唐三彩）

还想知道更多吗？

请参看：《窑火的魔力——中国陶瓷文化》杨根、韩玉文著 济南出版社2004年版（"华丽热烈的唐三彩"60页—75页）。

安定思公主和《孔子行教像》

也许因为这个原因吧，于是就出现了《太平公主秘史》中的一幕，在安公主念书的地方也把它挂起来，以示重视孔子了，殊不知安公主可不知道什么吴道子，更不知道《孔子行教像》了。

安公主，有真人，史书中，早夭折。

电视中，可复活，尤背诵，出塞曲。

　　孔子是中国人心中的大圣人，是读书人的楷模和典范，是"至圣先师，万世师表"，尤其在中国古代，几乎是能和皇帝平起平坐的人，又被称为"素王"。小孩子上学了，也要在学堂上摆放孔子的牌位或画像，向孔子先行礼，再向先生行礼，其后才能开始上课，可见先人对孔子的尊重程度。为此，历代不少画家都创作了关于孔子的作品，其中最有名的就是"画圣"吴道子画的《孔子行教像》。

　　吴道子是我国唐代著名画家，被后世尊为"画圣"，他少年时期家庭贫困，只在民间当个普通画工，但是画工技巧已被当时人称道。开元年间，吴道子被召入宫廷作画，先后任供奉、内教博士，曾经得到过唐玄宗的称赞，代表作有《地狱变相》、《送子天王图》、《孔子行教像》等。

　　只可惜，我们现在看到的《孔子行教像》（见文后）已经不是吴道子的真迹，而是山东曲阜孔庙藏的石刻本。不过，从石刻本中，依旧能看出孔子的雍容大度的儒者之风，从孔子穿着的服装、须发、眼神、作揖的动作，无不透露出孔子的庄重与礼节，也体现了吴道子对孔子的深刻理解和高超的绘画技巧。所以，即使到了今天，只要提到孔子像，首先想到的就是它。

　　也许因为这个原因吧，于是就出现了《太平公主秘史》中的一幕，在安公念书的地方也把它挂起来，以示重视孔

吴道子（约686年—约760年）

开元年间（713年—741年）

安定思公主（654年—654年）

子，殊不知安公主可不知道什么吴道子，更不知道《孔子行教像》了。

历史上的安公主，其实是安定思公主，她是武则天和唐高宗李治所生的第一个女儿，但是还没到一周岁就死了。有一种说法认为是武则天把她害死的，然后嫁祸给王皇后，这也直接导致了唐高宗废除王皇后，使武则天能有机会得到皇后的宝座。10年后，唐高宗和武则天追封这个大女儿为安定公主，谥号"思"，因此称为安定思公主。

在《太平公主秘史》中，安定思公主不但没有死，还得到了念书的机会。另外，这个公主早吴道子26年出生，假设吴道子20岁画了《孔子行教像》，画好后又立刻挂在课堂的墙上，就算公主没死，也46岁了，难道还在课堂上，和一群小孩一起学习吗？最后还有安公主念的那句王昌龄《出塞》中的诗句"秦时明月汉时关"，可惜王昌龄小安定思公主46岁，公主死了，他还没出生呢！看来，还是请这位教书先生把这画取下，卷好，留到100年后，预备着给自己孙子的孙子用，别再教一些太前卫的诗了。

（吴道子《先师孔子行教像》）

还想知道更多吗？

请参看：《中国古代绘画》徐改著 商务印书馆1996年版（"隋唐绘画"47页—74页）。

狄仁杰

武周时代的印刷术

不过，如果拍古装剧时，遇到有外国书的镜头，那怎么办呢？反正不应该是线装了。印刷应该没有问题，就采用谷登堡的活字印刷吧，于是15世纪的西洋印刷术，漂洋过海，来到了武则天的时代。但是，事实确实如此吗？

雕版印，自隋唐，多用在，佛经上。

后西传，入欧洲，铅活印，不一样。

现在拍古装剧的，只要其中出现读书人，就会出现线装本的古籍，仿佛线装本已经成了中国古书的代表，以前的图书装订形式统统可以不要了。不过，如果拍古装剧时，遇到有外国书的镜头，那怎么办呢？反正不应该是线装了。印刷应该没有问题，就采用谷登堡的活字印刷吧，于是15世纪的西洋印刷术，漂洋过海，来到了武则天的时代。但是，事实确实如此吗？

提到印刷术，不得不提到石刻，因为石头只要保存得当，可保存上千万年，文字也就能保留更长时间。汉灵帝熹平年间，著名学者蔡邕建议朝廷将七部经典的正确文字刻在石头上，立在太学门前，供读书人阅读，读书士子前来抄写者众多。魏晋南北朝时期，有人嫌抄写麻烦，干脆就把上面的文字拓印在纸上，带回去慢慢看。

蔡邕（132年—192年）

印刷术的另一个起源就是现在还在使用的印章，最早的印章是刻在泥上的。古人在竹简上写完字后，如果是公文一类的保密文字，通常会用绳子把竹简捆好打上结，并用泥土把结头密封。为防止有人拆开封泥，就在封泥上盖章防伪。在纸发明之后，印章的使用更加频繁，俨然成为一块小雕版了。

有了这些拓印技术和印章前身当基础，中国在约隋末唐初出现了雕版印刷术。现存最早的有年代记载的雕版印

102

刷实物，是一部公元868年的《金刚经》。雕版印刷术出现后，向东传到了日本和朝鲜等国，向西由我国的新疆传入波斯、埃及，最后约在14世纪时传入欧洲。

武周时期（690年—705年）

电视剧《神探狄仁杰3》说的是武周时期的破案故事，历史上的此时期，雕版印刷术在中国都没有普及，更没机会传到欧洲。但是片中出现的西洋书，显然使用成熟的印刷技术印刷书中的文字，甚至有点像谷登堡以后的活字印刷。欧洲的活字印刷术，是由名叫谷登堡的一位德国人发明的。他采用的是铅活字印刷，并且改进了油墨和印刷机的制造，使活字印刷术在世界范围内传播。可是，这个时间就衔接不上了。

谷登堡（1400年—1468年）

如果为了更好地表现电视剧的真实性，也可以选择用手抄本充充数也行啊。也许，这里面是不是有什么惊天的秘密？或者是手抄本道具给拿到别的剧组拍电视，顾及不到狄大人这里的缘故？"元芳，此事你怎么看？"

（《晚笑堂竹庄画传》中狄仁杰）

还想知道更多吗？

请参看：《中国印刷史话》张绍勋著 山东教育出版社1991年版（"唐代雕版印刷的兴起"17页—20页）。

涉嫌"抄袭"的《捣练图》

　　这是电视剧《唐宫美人天下》中的一个镜头，具体情节且不说，不过墙上挂的一张画，却着实让人怀疑，这到底是唐太宗时代还是唐玄宗时代。

《捣练图》，画精致，玄宗时，张萱作。

唐初期，当摆设，去何处，方寻觅。

中国古代的绘画艺术，如果上溯到新石器时代陶器等器物上的纹饰，那么至少有7000多年的历史了，中国人爱绘画，大凡文人雅士，都会画上几笔，也都爱画上几笔，陶冶情操，提升心境，于是乎便有那带上高帽、学起屈原的隐士来，即使有那附庸风雅者，也愿意买上几幅，挂在家里的堂屋中，顿时成了书香门第、忠厚人家了。

屈原（前340年—前278年）

不过很可惜，中国人爱画，尤其爱名人的画，在那古董店那里购买的不亦乐乎，在文玩市场中，不乏赝品，害得人们买画之前，总要自己或者请人辨一辨真伪。大家这么喜欢名人名画，这当然与这些名画家的艺术造诣有关，而另一方面的原因，也许在于不少人只认得那么几个有名的画家和几幅名画作吧。

上面的图片是电视剧《唐宫美人天下》中的一个镜头，具体情节且不说，不过墙上挂的一张画，却着实让人怀疑，这到底是唐太宗时代，还是唐玄宗时代。

这幅画是唐代仕女画的重要代表作品之一，名为《捣练图》，反映的是12位唐代女子捣练缝衣时的劳动场景，整幅画共分为三组，第一组为四个妇女以木杵捣练的情景，第二组为一人在地毡上理线，一人坐在凳子上缝纫，第三组为四个人熨烫的情景。另有一位绢下好奇地窥视的女孩，以及一位畏热而回首的煽火女童点缀于画面之中。画中人物形象生动，形态各异，惟妙惟肖，画面着色艳而不俗，色彩与环境搭配完美，反映出唐人在绘画上崇尚健康丰腴的审美情趣，是唐代绘画史上的精品。

其作者张萱（生卒年不详），陕西西安人，唐代著名画家，在唐玄宗开元年间做过宫廷画职，以善于绘画贵族仕女和宫苑鞍马著称，其代表作品为《捣练图》和《虢国夫人游春图》等。不过。我们现在看到张萱的画都不是原作，而是后人的仿本。如这幅《捣练图》就是宋徽宗时期，由宋徽宗亲自临摹的，现藏于美国波士顿博物馆。

可见，电视剧中背景墙上挂的那幅画原来是几十年后才有的东西，而且还是残缺不全的。大师张萱是不可能跑到武则天的时代，专程献上这么一副流传千古的名画的。

> 宋徽宗（1082年—1135年）

（宋徽宗临摹《捣练图》）

还想知道更多吗？

请参看：《中国绘画断代史：隋唐绘画》陈绶祥著 人民美术出版社2001年版（"张萱与周昉对人物画的贡献"34页—55页）。

唐朝的《瑞鹤图》

　　《瑞鹤图》是宋徽宗的代表作品，而且是不同于他一贯画风的作品。作品下方是云雾缭绕的汴梁（河南省开封市）宣德门，宫门上共有20只形态各异的飞鹤，其中有两只停在宫门鸱尾，另外18只盘旋在上空，整个画面突破了传统的花鸟画构图方法，以宫门突出飞鹤，既显示出庄严肃穆，又透着祥和与安宁。

瑞鹤图，汴梁下，意祥和，徽宗画。

未曾想，飞墙上，为影视，饰大唐。

中国人爱好绘画的天性历来似乎是差不多的，不论是古代人或是现代人，总有不少的画家，留下了些许画卷，供人欣赏和临摹。但是画作虽多，名画却少，真迹就更少了。在拍卖行里，名家的真迹画作总能给卖家带来意外的惊喜，再高的价格也会有人问津，这就是所谓的千金难买心头好吧。

宋徽宗（1082年—1135年）

例如，宋徽宗的字帖或是画作，现在基本上收藏于国内外各博物馆中，能上拍卖的真迹，可算是凤毛麟角，一旦出现的话，总不乏买家竞价。成交价少则几千万，多则上亿。虽然作者是不会当皇帝的皇帝，但却是会画画的皇帝，自然能卖上高价。

不管怎么说，宋徽宗的名气是很大的，社会上只要稍懂一些绘画史，总知道有个宋徽宗，总知道他会写"瘦金体"，会画花鸟。如果家里没有真迹，挂一张赝品也很好看，总能从他的作品中得出一些意境来，于是就有人开始打《瑞鹤图》的主意了。

《瑞鹤图》是宋徽宗的代表作品，而且是不同于他一贯画风的作品。作品下方是云雾缭绕的汴梁（河南省开封市）宣德门，宫门上共有20只形态各异的飞鹤，其中有两只停在宫门鸱尾，另外18只盘旋在上空，整个画面突破了传统的花鸟画构图方法，以宫门突出飞鹤，既显示出庄严肃穆，又透着祥和与安宁。

这幅画创作于北宋政和二年（1112年），据说当年的正月十六，汴梁上空祥云密布，忽然飞来一群白鹤，围绕在宫殿上空，盘旋不离去，引来皇宫中的人和百姓观看，白鹤在宫门上空停留很久才向西北方向飞去。这件事情在当时引起轰动，宋徽宗也亲眼看见了这一盛况，因为白鹤在古代有吉祥如意、延年益寿的象征，他便以为是上天降下祥瑞，保佑宋朝国泰民安，于是就在绢上画出了这幅《瑞鹤图》，并提诗一首。结果众所周知，就在白鹤飞来后的第15年，即1127年，北宋就灭亡了，宋徽宗父子也成了金人的俘虏，《瑞鹤图》也从此不知所踪。

这幅画约在清代乾隆时期，又奇迹般地重新出现，并成为皇家的珍藏。1945年，日本战败后，伪满洲国的皇帝溥仪曾带着清宫中的许多珍品，其中就有这幅画，试图逃亡日本，结果在沈阳被苏军截获，解放以后收藏于辽宁省博物馆。

一群白鹤盘旋于宫殿上空，本来就是不常见的现象，北宋时难得成为绘画素材。没想到在唐高宗时期也"有鹤来仪"，电视剧《唐宫美人天下》中居然也有和宋代《瑞鹤图》一样的画，看来一定是这《瑞鹤图》在失踪时穿越到唐代去了。

（赵佶《瑞鹤图》）

还想知道更多吗？

请参看：《中国绘画断代史：宋代绘画》徐书城著 中国出版集团人民美术出版社2004年版（"赵佶的御画和代笔画"60页—69页）。

谋行鸩毒

鸩毒……

鸩和鸠，谁有毒

　　古人有"鸩毒"一说，而无"鸠毒"一论。电视剧《太平公主秘史》中，王皇后和萧淑妃被治罪时，有一条罪名是"谋行鸩毒"，岂知鸠是没有毒的，用鸠鸟毛浸泡过的酒说不定还有保健功能呢！

鸩和鸠，很相近，都是鸟，却不同。

鸩难见，却有毒，鸠常见，很平和。

如果翻开手边的成语字典，总能找到"饮鸩（zhèn）止渴"这条成语，它的意思主要表示用错误的办法来解决目前所遇到的困难而不计将来的后果。从字面上来看，当人口渴的时候，需要喝水止渴，如果暂时没有水，就用鸩来代替。饮鸩如何就是不计后果呢？这就要从鸩说起。

鸩，其实是一种鸟类，现在我们已经不提它了，不过在古人的眼中，却是一种可怕的东西，因为相传它的羽毛有剧毒，但凡有人喝了用它羽毛浸泡过的酒，必死无疑，因此古人常把鸩酒当做毒药害人。公元前193年，刘邦的大儿子齐悼惠王刘肥去拜见既是皇帝又是他弟弟的汉惠帝，两人因为过于亲密，没有以君臣相待，而招致惠帝母亲吕后的不满，在宴会上就要命人献药酒毒死刘肥，这种药酒就是鸩酒。

那么鸩到底是一种什么动物呢？根据古人的相关记载，鸩是一种大型鸟类，它有紫绿色的羽毛，脖子长，喙为赤色，主要以有毒的蝮蛇为食。雌雄的名称还不一样，雄性称为运日，雌性称为阴谐。还有一种说法认为，它还食用一种有毒的坚果，并在这种坚果树上筑巢繁殖。因为它的羽毛太毒了，导致巢中的羽毛落在地上，都会寸草不生，连石头落上鸩的粪便都要开裂。

可是，古人只知道鸩的羽毛有毒，但是似乎并没有人真正见过这种毒鸟。从现在流传下来的材料看，多半是说它的毒性，却缺少相关的目击记载，人人都是口口相传，它应该是一种传说中的鸟类，就像说到凤凰一样，都传说它是吉祥的鸟，但谁也没见过。

不过凤凰的原型是孔雀，鸩也有原型吗？其实鸩的原型是一种叫大冠鹫的鹰科动物，如今在我国南方还有分布。它主要以蛇、蜥蜴等爬行动物为食，又叫做食蛇鹰、蛇鹰。因为人们经常能看见它吃毒蛇，就想象它也是一种有毒的动物，那么它的羽毛浸过的酒一定也是有毒的。不过，这只是古人的一厢情愿，如果真要有人喝鸩酒肯定死不了。事实上，古人所谓的鸩酒，是毒酒的代称，和鸩的羽毛一点关系也没有。

至于鸠，也是古时就有的动物。它们就比较平和了，古人有所谓的祝鸠、鸤鸠、爽鸠、雎鸠、鹘鸠等，它们或者是鸠鸽科的鸟，或者是鹰，或者是布谷鸟，但一概没有毒性，也没有被传说有毒性，没人拔它们的羽毛去泡酒，人也不怕它们。

王皇后（628年?—655年）

萧淑妃（?—655年）

因此，古人有"鸩毒"一说，而无"鸠毒"一论。电视剧《太平公主秘史》中，王皇后和萧淑妃 被治罪时，有一条罪名是"谋行鸠毒"，岂知鸠是没有毒的，用鸠鸟毛浸泡过的酒说不定还有保健功能呢！

（鸩）

还想知道更多吗？

请参看：《咬文嚼字》郝铭鉴主编 上海文艺出版有限公司。

唐代的州长

　　电视剧《唐宫美人天下》反映的是唐高宗时期的故事，其中有这样一段情节，林尚宫向新入宫的侍女训话，要让她们在宫里好好干活，千万不要逞一时之快，而忘记了自己的本分，到时候不仅自己有性命危险，就连父母家人、州长县官都要受牵连。唐朝设置有州倒是不假，但没有州长这一职位。

说州长，很遥远，分片州，刺史管。

先大州，后郡县，行政变，来回转。

提到"州长"，人们首先想到的就是美国，美国共有50个州，每个州都有自己民选的州长，管理州内事务。州长是联邦制政体的组成部分，不仅在美国，在世界的其他国家也有类似的官员设置。但如果说中国也有州长的话，那就有必要澄清一下了。

中国自古就有一套自成体系的地方行政制度，相传在舜的时代，全国就划分为十二个大的行政区域，每个行政区域为一个"州"。大禹时，又将全国划分为九个州，直到现在，我们有时还称中国为九州。秦统一六国（公元前221年）后，秦始皇取消州的设置，将全国划分为三十六个郡，行政长官分别为郡守、郡尉和郡监。每郡之下设置若干县，如果是超过万户的县，就设置县令，没有超过万户的县，就设置县长。从而确立了"郡县制"的行政体系。这种制度到汉武帝时发生改变，汉武帝为了监督地方官吏鱼肉百姓，以权谋私等不法行为，又为了加强中央对地方的控制，特在郡的基础上，设置十三个州，每一州包含若干郡，设置刺史一名，监督地方官的行为。形成了州、郡、县三级行政体系。州刺史的地位很高，担任这一职位的多是一些名臣，有的甚至在后来升到丞相的位置。到地方赴任的刺史，都持有一种东西叫"节"，"节"是由皇帝授予的，代表了刺史是代表皇帝到地方做事。类似于传说中包公手持的尚方宝剑一般。北魏、北齐时，持节的刺史权力很大，甚至能调动地方军队。

隋开皇三年（583年），隋文帝废除郡，使州直接统管县，除了雍州的长官成为雍州牧以外，其余州的长官均称刺史。但是此时的刺史已经没有了皇帝授予的"节"了，他已经成为了纯粹的地方长官，不再拥有军权。隋炀帝登基后，又将州改为郡，刺史改为太守，唐高祖武德年间，又将郡改回州，太守改回刺史。

武德年间（618年—626年）

电视剧《唐宫美人天下》是唐高宗时期的故事，其中有这样一段情节，林尚宫向新入宫的侍女训话，要让她们在宫里好好干活，千万不要逞一时之快，而忘记了自己的本分，到时候不仅自己有性命危险，就连父母家人、州长县官都要受牵连。唐朝设置有州倒是不假，但没有州长这一职位。历史上，只有在《周礼》中提到过州长，北周附会《周礼》，设置有州长的官制。但是，州长只是一个小官，管理的区域极为有限，大概只有2500家人口，还没有乡的级别高。林尚宫拉了个州长来做唐代的州长官，就好像美国有州，必定有州长一样，她也太前卫了，居然引入了美利坚地方区划，而忘了有刺史一职。这样的训话，侍女们也是听不懂的，她白显摆了一番。

（永泰公主墓壁画）

还想知道更多吗？

请参看：《汉唐职官制度研究》陈仲安、王素著 中华书局1993年版（"地方行政从新二级制到新三级制"212页—231页）。

杨玉环

我也不会糟蹋
我家父的心血的……

家父还是我家父

电视剧《杨贵妃秘史》中的杨玉环对别人说："我也不会糟蹋我家父的心血的"，就是典型的病句。

古人语，有称呼，和现代，不相同。

说不好，成语误，我家父，多重复。

古代人对自己亲人的称呼，和现代人是不同了。如果我们现在和别人聊天，谈起自己的父母，一般就说"我父亲"、"我母亲"，要是随便一点的，就是"我爸"、"我妈"，比如说，"我父亲今天请假在家"，"我妈给我买了一件新衣服"。只要谈话的对方懂中国话，即使他是外国人，也知道这些句子的意思。如果谈话时，说到对方父母的，一般称"您父亲"、"您母亲"，如果说"你爸爸"、"你妈妈"，那就是关系很熟的人才能这样说，比如"我昨天看见您父亲了"，"你爸爸有60岁了吗"。从中我们可以看出，对现代人来说，不管是称自己的父母，还是别人的父母，为了表示尊敬，多用"父亲"和"母亲"两词，这是一种尊称，一般在正式场合使用居多。

然而，古人在相关称谓上面，比我们讲究得多，主要表现为使用文言和称谓多样化。因为许多称谓，现代人已经很少使用或不使用，所以当它们展现在现代人眼帘时，比如拍某些古装剧需要说这些文话，就容易出现差错。电视剧《杨贵妃秘史》中的杨玉环对别人说："我也不会糟蹋我家父的心血的"，就是典型的病句。

"家父"，古代人一般用它称谓自己在世的父亲，这是一种谦称，在和对方谈话时，说给对方听，决不能在和自己父亲谈话时，称他为家父。"家父"中的"家"字是谦辞，一般来说指自己亲属中比自己年纪大或辈分高的，"家"字中已经确定了含有"自己"的意思，不用在前面再加定语"我的"或"我"。颜之推在《颜氏家训》中有"陈思王称其父为家父"，陈思王即曹植，他在外人面前称自己的父亲曹操为家父，并不称颜之推（531年—
约595年）

曹植（192年—
232年）

"我家父"或"吾家父"，古人在外人面前称自己的母亲为"家母"，也是一样的道理。如果说成"我家父"、"我家母"的话，翻译成白话文就是"我的我的父亲"，"我的我的母亲"，这就不像话了。

"家父"又可以称作"家严"，"家母"又可以称作"家慈"，取古代所谓"严父慈母"之意。又有一种称呼为"高堂"，这是对自己父母的统称，并不区分父亲或母亲。因为在古代，父母亲一般都住在一家正中的堂屋中，而堂屋的屋顶比家里其他的房间要高，所以称堂屋为高堂，久而久之成为父母的代称。

如果是称对方的父亲，则不能使用"家父"，而应该用"令尊"或"令严"。称呼对方的母亲，则用"令堂"。同样的，"令"字也是一种谦词，含有定语"您的"或"您"的意思，所以，一样不能说"您令尊"或"您令堂"。

看来，杨玉环说的那句话应该改为"我也不会糟蹋家父的心血的"，加了"我"字，倒画蛇添足了。

（〔日〕高久霭厓《杨贵妃图》）

还想知道更多吗？

　　请参看：《实用现代汉语语法》刘月华等著 商务印书馆2001年版（"人称代词"72页—82页）。

118

那是什么？

吃不到的火龙果

　　我国的广东、海南和台湾等省，虽然属于热带，却只有荔枝、龙眼等水果，火龙果却原产于中美洲的热带地区，只因为它外表为红色，肉质鳞片颇似传说中龙的鳞片，所以传入中国后，才被叫做"火龙果"。

火龙果，很神奇，又解渴，又解疲。

五代时，并没有，明代时，方传入。

在现在的古装剧中，古代人除了住木制房屋，没有汽车、空调，不能上网之外，生活条件似乎是越来越好了，追求的品味似乎也越来越高，头上的发型是越来越古怪，颜色是越来越多彩，头饰也越来越丰富，衣服更是越来越有个性了，不仅是花哨，而且还独辟蹊径出现了乞丐装。当然，在吃的方面也不能落后了，变得是愈发的讲究，穿越时空的主食、名菜、水果应有尽有，真是想要什么就有什么，就连火龙果，也贴上五代十国的标签，公然在《倾世皇妃》中展览了。

五代十国（907年—960年）

但不知古人当时是怎么吃它的，是不是也剥了皮吃呢，还是连皮吃？或者切成丁，和苹果丁、梨丁、桃丁等混在一起，加上沙拉酱，来一个水果拼盘呢？这就不得而知了，真希望有人能交代清楚，打消观众的疑虑，也算是为中国饮食文化做了大贡献。

认识火龙果的人都知道，这是一种长在仙人掌上的果实，属于仙人掌科，它必须生长在热带。我国的广东、海南和台湾等省，虽然属于热带，却只有荔枝、龙眼等水果，火龙果却原产于中美洲的热带地区，只因为它外表为红色，肉质鳞片颇似传说中龙的鳞片，所以传入中国后，才被叫做"火龙果"。

在火龙果的原产地之一墨西哥，当地的阿兹特克人中曾

120

经流传着这样一个传说，有一个阿兹特克妇女在大沙漠中迷了路，由于又渴又累，她已经奄奄一息，濒临死亡，精神上也产生了幻觉。她感觉自己走在另一个世界的路上，突然半空中有一个声音让她吃身边的植物，于是她伸手去摸。实际上她的身边什么东西也没有，但她感觉看到了绿色的植物以及上面结的星星点点的红色果实。她本能地去掰下一个果实，植物的刺扎破了她的手也不管，当她在幻觉中吃完了这个果子后，竟然奇迹般地苏醒了过来，虽然太阳依旧狠毒，但她的体力已经恢复了，感觉不到渴和累，最后顺利地走出了大沙漠。这虽然是个传说，却可以证明火龙果有解渴和解乏的作用。

这样好的一种水果，一直到欧洲殖民者16世纪发现美洲之后，才逐渐被世界所知，而传入我国，已经是16世纪末17世纪初，荷兰人入侵台湾时带过来的了。五代十国时，欧洲还处于教会势力统治下的黑暗时代，文明开化的程度还不如中国，根本无法把它带到中国来。所以还请当时的中国人咽一咽口水，吃他们能吃到的水果吧。

（《百美新咏图传》花蕊夫人）

还想知道更多吗？

请参看：《中国人最爱吃的60种水果》巫解著 武汉出版社2009年版（"火龙果——抗衰老的热带水果"）。

宋代的乌纱帽

可是乌纱帽只是一种帽子的名称，各个时代的乌纱帽有着不同的形制，有些古装剧没有注意，经常让有些官员们穿越到别个朝代，于是闹出了"明冠宋戴"的笑话。

乌纱帽，早出现，隋唐时，就能见。

自宋代，有变迁，长帽翅，左右闪。

晋成帝（321年—342年）

历史上，早在东晋成帝时期乌纱帽就已经出现了，当时凡是在宫中做事的人，都戴一项由黑纱做成的帽子，以区别于宫外的人，这种帽子通称为"乌纱帽"。此后，乌纱帽逐渐流入民间，老百姓也喜欢带这样的帽子，到了南朝宋明帝

宋明帝（439年—472年）

时，它已经成为了民间的一种普通帽子。隋唐时期，老百姓和官员都能带乌纱帽，不过官员的乌纱帽根据官阶大小，镶嵌以不同的玉块，从一品官员的乌纱帽上有9块玉饰，到五品官员的5块玉饰。六品及以下的官员，虽然能戴乌纱帽，但没有资格镶嵌玉饰了。

宋代时，乌纱帽有了很大变化。因为，北宋开国皇帝宋太祖赵匡胤是通过宫廷政变才当上皇帝的，他经常担心别人也会这样对他，尤其在上朝时，他很忌讳底下官员们交头接耳，窃窃私语。因此，他将乌纱帽的两边各加上长而窄的翼，只要底下的官员头稍稍一动，乌纱帽的两翼就上下左右摆动，他就能很快发现。就好像妇女戴的长耳环，只要头动了，耳环就跟着动一样。整个宋代，乌纱帽都是长翼的形状。

朱元璋（1328年—1398年）

直到明太祖朱元璋时，对乌纱帽有进行了改革，主要将两根长而窄的翼改成短而宽的形状，并规定文武百官只要是上朝或是办公，都要戴这种乌纱帽，就像现在上学要穿校服，上班要穿工作服一样。不但官员要穿，就是考取功名而

没有授官的进士也要戴。这样，乌纱帽就成了官员和考取功名的读书人的专用品，普通百姓也就不能再戴了。看来，我们现在所说的代表当官的乌纱帽，其实是从明代形成的观念。

电视剧《新包青天》中的有一个场景，陈元正在被包拯问话，被问话的陈元本是宋朝的官员却戴着明朝官员的帽子，倒成了宋代的官问明代的官，越问越糊涂了。当然各位看官是不用糊涂的，因为陈元的帽子戴错了，它超前了几百年。

（包拯）

还想知道更多吗？

请参看：《沈从文全集》32卷《中国古代服饰研究》北岳文艺出版社2002年版（"一一九 宋太祖赵匡胤像"378页—379页）。

看到玉米都乐了

因为哥伦布踏上美洲的日记里就有所记载，认为它甘美可口，将它带回西班牙。于是，玉米有了机会在世界范围内传播开来，大约在16世纪中期，也传到我国广西。

小玉米，大文章，汉唐时，吃不上。

在南美，初生长，至明朝，传四方。

　　细心的观众也许会发现，新版《水浒传》中，当宋江和公孙胜拔剑相斗时，他们竟然是在橙黄与青绿相间的一片玉米地里；当林冲对其妻子讲述王进逃亡的往事时，镜头里也出现农户收玉米的场景；当王进教头进史家公门竟然出现了有人公然买卖玉米。黄灿灿的玉米是频频露面，只是观众的心情有些忐忑了，这时候的玉米是否出现得太早了呢？其实，这还不够早。

　　在电视剧《太平公主秘史》中，还可以看到居室的墙上挂着的都是玉米；《三国演义》中官渡之战中，曹军粮草告急，居然搞到了些玉米；更有甚者，《美人心计》中慎儿在讨小皇帝开心的时候说他们府上有外边没有的好吃的，其中有一种是玉米团子，玉米直接穿越到汉初了。因此，就前面说了那么多的玉米而言，宋代的玉米也就不足为奇了。但是，数数这些被穿越的玉米，它们实在是有点冤枉。

哥伦布（1451年—1506年）

　　玉米是一年生禾本科草本植物，又被称为玉蜀黍、包谷、苞米、棒子。有人认为玉米的原产地是墨西哥或中美洲。因为哥伦布踏上美洲的日记里就有所记载，认为它甘美可口，将它带回西班牙。于是，玉米有了机会在世界范围内传播开来，大约在16世纪中期，也传到我国。随后玉米在中国的传播速度越来越快，很快遍布了绝大部分省份。

　　但是，也有人认为中国引种玉米的时间，要早于哥伦布发现新大陆的时间。因为，中国明代的一部药物学著作——《滇南本草》中，就已经有关于玉米的记载。

但是，若要把玉米传入中国的时间提前到北宋末，甚至三国时期、汉代初期，那就实在有点说不过去了。要知道，玉米非本国土产，它是外国来客。玉米在传入之初，曾被人们视为珍稀之物，在明代的《金瓶梅》第三十一回中有提到玉米面的文字："迎春从上边拿下一盘子烧鹅肉，一碟玉米面玫瑰果馅蒸饼儿与奶子吃。"这时的玉米面还是大财主家待客的珍贵东西。到了清代乾隆时期，玉米还是皇家御用之物，由内务府专职提供。

因此，在古装剧中，像这样大范围地种植玉米，满墙满地地挂着堆着玉米恐怕还是现在的我们太着急了。就玉米来说，它是怎么也赶不上历史的车轮，在三国、唐宋之时，就急急忙忙地逃离中美洲，孤身来到中原之地的。要知道，这时的哥伦布还没有出生，明代的历史还远着呢。

（《科勒药用植物》1897年 玉米）

还想知道更多吗？

请参看：《餐桌上的植物史》秦风古韵著 东方出版社2009年版（"玉米"14页—17页）。

史进和冰糖葫芦

　　电视剧《新水浒传》，反映的是北宋末年宋徽宗时期宋江起义的故事，离宋光宗还有将近半个世纪，在这张图片中，九纹龙史进背后却俨然站着一个卖冰糖葫芦的小贩，真不知道这冰糖葫芦是从哪儿来的，或许是他穿越到南宋的集贸市场批发来的吧。

糖葫芦，味道棒，酸甜口，人人想。

北宋无，南宋有，史大哥，碰不上。

　　走在老北京的胡同中，青砖灰瓦映衬在蓝天白云之下，偶尔看见那探出屋顶的挂满柿子的树梢，听几声喜鹊"喳喳"的高歌，孩子们穿梭在胡同中嬉戏打闹，还有蛐蛐、油葫芦在墙缝中悠闲地弹着琴，实在是再惬意不过的事了。

　　在这样的胡同周围，游人们经常能看到卖冰糖葫芦的小店和小贩。每年农历九月份，正是山楂成熟的季节，人们将这些果子摘下来，挑出那种个儿大、酸中带甜的好品种，去掉根蒂，并拦腰剖开一半，剔除里面的籽儿，再塞上豆沙、核桃仁什么的，用竹签串起来，再将熬好的热麦芽糖稀浇在上面，在山楂表面迅速形成一层晶莹剔透的糖膜，这样一串冰糖葫芦就做好了。吃在嘴里，先是咯吱咯吱的脆，随之而来的就是满嘴的略带焦糖味儿的香甜和山楂的酸，实在鲜美极了！

　　冰糖葫芦，东北人叫它糖梨膏，天津人叫它糖墩儿或墩儿，烟台人叫它糖球，还有叫糖葫芦、山楂葫芦、山楂球的，是中国人赋予山楂新生命力的产物，凝聚着普通劳动人民简单而多滋多味的生活理念。中国人吃冰糖葫芦已经成了一种习俗、一种文化，每年到了春节庙会，总有孩子手中拿着一串冰糖葫芦，有时甚至有好几尺长，一串上有百十来个山楂。红红的山楂映着冻得红红的小脸蛋，怎么着也透出过年的喜气与欢乐。

　　中国人爱吃冰糖葫芦已经有上千年的历史了，传说南宋光宗时，宋光宗的一个妃子生病，不思饮食，面黄肌瘦，整天愁眉不展。宋光宗请了太医治疗，也无济于事，于是只好贴了招医榜文。后来有个江湖郎中揭了皇榜来到宫中，看过病后说，只要用冰糖与山楂煎熬，每天吃五到十枚，不出半月就好。开始皇帝和太医还将信将疑，直到吃了几天，这妃子的病渐渐好转了，大家才始信这"药"的功效。之后，这个偏方逐渐在民间推广，老百姓又作了改进，把山楂串起来，最后才形成了我们现在所见到的冰糖葫芦。

宋徽宗（1082年—1135年）

宋光宗（1147年—1200年）

电视剧《新水浒传》，反映的是北宋末年宋徽宗时期宋江起义的故事，离宋光宗还有将近半个世纪，在这张图片中，九纹龙史进背后却俨然站着一个卖冰糖葫芦的小贩，真不知道这冰糖葫芦是从哪儿来的，或许是他穿越到南宋的集贸市场批发来的吧。

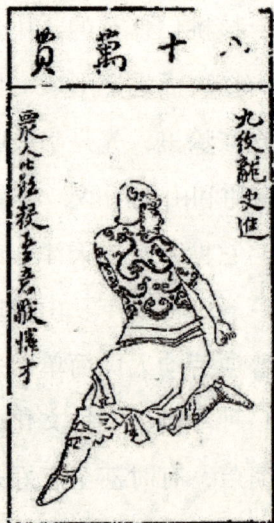

（史进）

还想知道更多吗？

请参看：《辽宋西夏金社会生活史》朱瑞熙等著 中国社会科学出版社1998年版（"宋代饮食"1页—21页）。

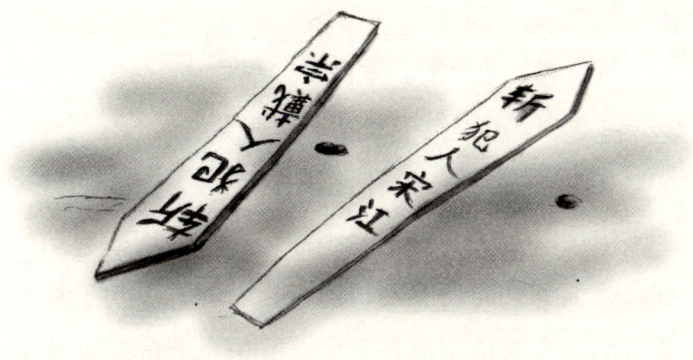

宋江能被"斩"吗

当时有个叫程邈的人，鉴于这种情况，创立了隶书，笔画比小篆简单得多，又把小篆的弧形线条变成方正的直线条，从此汉字走向了符号化，通常所说的繁体字才逐渐形成。

斩与斬，是简繁，古时繁，现已简。

电视剧，须认真，古装剧，用繁版。

　　中国的文字，古今是不同的，我们现在要是拿到一本古籍，读下去时会感到很困难，因为许多句子都不懂，非要借助《古汉语字典》不可，其中重要的原因就是古今许多字的字义不同，很难用现代的语法和字义去理解古书。还有一点就是古籍上的字多多少少和现代书中的字不同，简单来说就是一个是繁体字，一个是简化字。

　　繁体字是一个笼统的说法，似乎古人所写的字，我们都能称之为繁体字，其实不然。我们现在能见到的中国人写的最早的字是出现在商代的甲骨文，距今约4000年的历史。它刻在龟甲和兽骨上，主要用来记录占卜过程。到周代时，文字得到进一步发展，出现了金文。这种文字主要刻在青铜器上，又叫钟鼎文，相对于甲骨文来说，字形简单，象形的意味也没那么重了。秦始皇统一中国后，有个叫李斯的丞相参照其他诸侯国的文字创立了小篆，成为全国通用的文字。但是，小篆的笔画过于繁琐，只适合慢慢地写，如果要碰到需要着急写很多公文的时候，就来不及了。当时有个叫程邈的人，鉴于这种情况，创立了隶书，笔画比小篆简单得多，又把小篆的弧形线条变成方正的直线条，从此汉字走向了符号化，通常所说的繁体字才逐渐形成。魏晋南北朝时期，中国文字进一步发展出了楷书，这种字体兴盛于唐朝，它比隶书更趋于简化，字形由扁变

李斯（约前280年—前208年）

方，横平竖直，我国的繁体字到此时期基本定型，之后没有发生大变动，并一直沿用到民国。

但是繁体字终究是"繁体"，它的笔画始终较繁琐，不适合快速书写，给人们带来了诸多不便。因此1956年，中华人民共和国国务院颁布了《汉字简化方案》，从此汉字走向了进一步简化的道路。如今在中国，已经基本使用简化字，只有港澳台等地区还沿用书写繁体字的习惯。

电视剧《新水浒传》中，宋江因为在浔阳楼提了"反诗"，被黄文炳陷害，连同戴宗一块儿被押到刑场处斩，"斩犯人宋江"和"斩犯人戴宗"就是说的当时的情景，但是"斩"字却被写成了简化字，事实上宋朝时的"斩"字，应写成繁体的"斬"字。看来写"斩"字的人，应该有一本最新出版的《新华字典》或者《繁简字对照表》什么的吧，可惜北宋人看不懂，他算是白写了。

（宋江）

还想知道更多吗？

请参看：《中国汉字源流》董琨著 商务印书馆1998年版（"繁简字"118页—120页）。

窦娥刀下的番茄

　　至于西红柿传入中国的时间，约在明朝崇祯年间，由当时的葡萄牙传教士带来，被称作西番柿、番柿或六月柿。当时人对它的描述是：长着蒿的茎，四五尺高，还有艾草的叶子，结的果子就和石榴一样，一般结五到六个，要是能够绑到架子上看，那就太壮观了。

红番茄，明朝见，传教士，引进来。

当水果，做蔬菜，味鲜美，都热爱。

　　番茄，又有人称它为西红柿、洋柿或番柿。它对国人来说是再熟悉不过的了。这种又能当蔬菜，又能当水果的食物，已经成为菜篮子中的常客，著名的西红柿炒鸡蛋更是荣登最受国人喜爱的菜品头名。前一段时间，曾经谣传西红柿中含有尼古丁，生吃西红柿等于吸二手烟，但是人们似乎并不买账，仍旧照吃不误，谣言不攻自破，西红柿也没有因此滞销，可见它的受欢迎程度。

　　其实不仅是中国人，外国人也似乎极其钟情于它。做西餐时，少不了有需要加番茄汁的，做成加了番茄的沙拉、三明治和比萨饼等，琳琅满目，五花八门。西班牙巴伦西亚地区的布尼奥尔镇每年还有个西红柿节，人们在大街上可以肆无忌惮地相互投掷西红柿，为此还招来不少游客参观或"参战"，从电视上看，真是热闹非凡。

　　然而，曾几何时，西红柿却是一种"可远观而不可亵玩"的有毒植物，就像毒蘑菇一般，没有人敢碰它，更别说把它当食物了。

　　西红柿的原产地是南美洲的秘鲁、厄瓜多尔和智利等地，现在当地还有西红柿的原始种。早在1500年欧洲人发现美洲之前，当地的土著人已经发现了这种植物，并有意识地加以种植。也许是因为它的枝叶有股难闻气味，所以便被想当然地认为它是一种有毒的植物，谁吃了它结的果实必死无疑。于是当地人给它取了个名字叫"狼桃"，表示只有狼才能吃它，人只能把它当做观赏植物。直到16世纪时，英国有位公爵在南美洲旅游，他发现了狼桃，并被它的颜色所吸引。于是他把这种植物带回了英国，献给了情人伊丽莎白女王。西红柿由此移民欧洲，但依然无人敢食用。第一个吃螃蟹的勇士出现在17世纪，一位法国画家因为太喜爱西红柿了，他决定要冒死尝一颗，为此他立下了遗嘱，吃完后躺在床上等死。可是，他睡了很长时间，发现自己并没有死，而狼桃的滋味却让他回味无穷。他随后销毁了遗嘱，并把这一重大发现公之于众。

狼桃能食用的消息传出后，在社会上引起了巨大轰动，大家争相食用，并把它做成各种美食，成为餐桌上的必备佳肴。

崇祯年间（1627年—1644年）

至于西红柿传入中国的时间，约在明朝崇祯年间，由当时的葡萄牙传教士带来，被称作西番柿、番柿或六月柿。时人对它的描述是：长着蒿的茎，四五尺高，还有艾草的叶子，结的花就和石榴一样，一般结五到六个，要是能够绑到架子上看，那就太壮观了。

看来，西红柿最初在中国也是作为观赏植物种植对待，至于何时食用，估计还要等到欧洲人尝过之后。因此，电视剧《窦娥冤》中，窦娥辛辛苦苦地切番茄，这可多不容易啊！那番茄可是比窦娥都要冤枉啊！

（《关汉卿戏剧创作七百年》邮票1958年）

还想知道更多吗？

请参看：《餐桌上的植物史》秦风古韵著 东方出版社2009年版（"番茄"114页—116页）。

明代宫殿的满文

电视剧《郑和下西洋》，顾名思义是一部关于明代航海家郑和的历史剧，故事发生在建文帝至明成祖的时代，图片中坐在正中间穿着黄袍的就是建文帝，其上赫然有一块满汉同文的匾，仿佛去了清朝的故宫。

大故宫，可拍戏，拍了清，又拍明。

　　只可惜，不仔细，满文前，明皇帝。

　　若干年前，大约有个10年左右吧，中国的影视剧市场就开始流行专门拍清代电视剧的风潮，为此当时还引起了不小的争议。不过这种类型的戏在当时确实已经很火，人们经常称它们为"清宫戏"或"辫子戏"。所谓"辫子"自然是其中的男演员都要拖着一根长长的清朝人的大辫子。舞台布景也以清朝的宫殿或者民居为主，皇宫自然有这个殿、那个殿，上朝的殿里面有龙椅，休息的殿里有龙床，但是只要正面拍摄某个宫殿的，总有高高悬挂起来的，写有满汉两种文字的大匾。有了这块匾，观众就知道这故事发生在什么地方，类似于现在挂在各个单位门口的写有单位名称的黄牌。同时，也让情节更逼真，毕竟只有皇上家才能挂这样的匾。

　　久而久之，也许是"辫子戏"拍得太火，或者反映清代皇帝的戏太多的缘故，每部戏中，皇帝们要去的地方基本上就是那几个，布局可以不用大动了。等到了拍明朝戏时，鉴于明清两朝皇帝基本都住在相同的地方，于是用清朝的布景拍明朝的戏，也无可厚非了。

　　但他们竟然忘了头上还有一块满汉同文的匾，于是乎明朝皇帝不得不穿越到清朝的皇宫，完成自己的"历史使命"。

　　电视剧《郑和下西洋》，顾名思义是一部关于明代航海家郑和的历史剧，故事发生在建文帝至明成祖的时代，图片中坐在正中间穿着黄袍的就是建文帝，其上赫然有一块满汉同文的匾，仿佛去了清朝的故宫。

　　历史上故宫是有明成祖朱棣于1406年至1420年间效仿南京皇宫而建，殿宇约万间，很多宫殿的名称都与我们现在所知道的不同，比如太和殿，原称作奉天殿；中和殿，原称作华盖殿；保和殿，原称作谨身殿。部分宫殿，在以后都有损毁、重建的经历，但是所有宫殿的牌匾上均写的是汉文，有满文的牌匾只出现在清朝。

1644年，顺治皇帝迁都北京，并居住于故宫中。满族统治者为了体现他们是顺应天意担负汉人的天下，而不是作为侵略者入侵明朝，因此大打"满汉一家"的牌，不但没有毁坏故宫，还在宫殿的匾额上保留汉文，成为常见的满汉同文匾额。

这种情况一直持续到民国，袁世凯当上大总统后，鉴于清朝已经灭亡，就将三大殿（太和殿、中和殿、保和殿）等处匾额上的满文去除，不过保留了溥仪皇帝居住的故宫内廷宫殿上牌匾的满文，如果现在去故宫旅游，我们仍然能看到这些满汉同文的牌匾。

明朝是被满人灭亡的，在宫殿的牌匾上出现侵略者才使用的满文，就如同抗日战争时期，国民政府在总统府门前挂一块日文牌匾一样荒谬。看来布置电视剧拍摄背景的工作省不了，该修改的地方还得修改，但愿明代的皇帝能歇一歇，在自己家门口就把事办好，不再忙于穿越了。

（朱允炆）

还想知道更多吗？

请参看：《故宫札记》单士元著 紫禁城出版社1990年版（"紫禁城七说"201页—220页）。

我孝庄是你娘！

"孝庄"到底由谁说

　　电视剧《康熙王朝》中，有这样一段情节，孝庄文皇后知道儿子顺治出家心思已定不可挽回后有一段独白，其中说到"我孝庄是你的亲娘"。这位太后真是有未卜先知的本事，不仅能预先知道自己死后的谥号，而且还知道简称。

孝庄文，皇太后，佐康熙，登皇位。

死后封，宣谥号，顺治时，怎能叫。

中国人历来是重视"死"的，不过相对于死后能否上天国，人们更重视的是自己死后，后人到底是怎么评价自己的。这是一个大问题，缠绕了中国古代几千年。战国时期的孟子，曾经举了鱼和熊掌的例子来说明这个问题，最终得出结论，即使是死，也要落个舍生取义的好名声。再早一些，孔子的学生季路问孔子关于侍奉鬼神的事情，孔老夫子很不高兴，只是淡淡说了一句"未知生，焉知死"，把他的学生轰走了事。不过，在他写的《春秋》时还要对着死人指指点点，明明周襄王是被晋文公逼着参加大会，非要粉饰为去狩猎，顺便参加大会，以此算是保住了周襄王的帝王面子，然而也就确立了掩耳盗铃，以示褒贬的《春秋》笔法。

评价一个历史人物，必须是在他死过之后的，所谓"盖棺定论"才会客观公正。帝王死后，不论执政的长短，总能得到一篇"帝纪"，那些有地位的人要是死了，最大的荣誉，莫过于得到"宣付史馆立传"的恩遇，不过，要是在死后得到朝廷给予的，能总结其一生的一个或几个字，就是后来人常说的"谥号"，那才真能算走完了完整的一生，可以安息了。

谥号在中国人眼中是神圣了，一般的老百姓得不到朝廷颁发谥号的机会，即使是皇族、贵族，死后也不敢私起谥号，否则不但国家不承认，有时还为家族、朋友招来祸害。就是因为谥号代表者一个人的一生，关系到一个人在历史中的地位，意义重大。比如汉孝武帝吧，他死后谥号为"孝武"，以后的人们看见了，就知道他在位期间总是经常打仗的。提到隋炀帝的谥号"炀"，后人多少总会知道这个皇帝应该和昏君、暴君有一些牵连。同样，孝庄文皇后同样也是一个谥号了。

孝庄文皇后（1613年—1688年）

孝庄文皇后，本名木布泰，是蒙古科尔沁部贝勒塞桑的女儿，13岁时嫁给清太宗爱新觉罗·皇太极，1636年被册封为永福宫庄妃，26岁生下爱新觉罗·福临，就是后来的顺治皇帝，之后又辅佐自己的孙子爱新觉罗·玄烨，即康熙皇帝登上皇位，终年76岁。死后谥号为孝庄仁宣诚宪恭懿翊天启圣文皇后，简称为孝庄文皇后。

电视剧《康熙王朝》中，有这样一段情节，孝庄文皇后知道儿子顺治出家心思已定不可挽回后有一段独白，其中说到"我孝庄是你的亲娘"。这位太后真是有未卜先知的本事，不仅能预先知道自己死后的谥号，而且还知道简称。看来，各位以后再见到她的肖像，真应该整整衣服，拱一拱手，恭敬地喊一声"半仙"啦！

（孝庄文皇后）

还想知道更多吗？

请参看：《中国历代帝王世系年表》杜建民编著 齐鲁书社1995年版（"谥号"211页—214页）。

前天夜里
圣祖托了个梦

哪个圣祖?

康熙皇帝的庙号

　　电视剧《康熙王朝》中康熙皇帝的祖母孝庄文皇后当着他的面说，前天夜里，圣祖托了个梦。真不知道是哪个圣祖托梦给她。

称庙号，很重要，为皇帝，属专利。

有褒扬，有贬斥，至死后，有论议。

每次看电视，凡是清代古装剧里的皇上，多半被称为"吾皇"、"万岁爷"、"万岁"或"爷"，当然这都是底下臣子、奴才、皇后、妃子们才这么喊的。到了太皇太后，即皇帝的母亲时，一般就称皇帝为"皇帝"或"皇儿"了。至于当面称这位皇帝谥号的，自然是出了bug，因为谥号是皇帝死后才有的。但是，如果当面称皇帝庙号的话，其后果和称谥号也是一样的。

庙号的历史可以追溯到约4000年前商代，比如商代太甲的庙号为"太宗"，太戊的庙号为"中宗"，武丁的庙号为"高宗"，并一直沿用到清末的德宗光绪皇帝。古代皇帝家都有祖庙，里面供奉着祖先的排位，为了在祭祀时对祖先表示尊重，这些死去的皇帝每人都有一个属于自己的庙号，比如高祖，太宗什么的。这"祖"字和"宗"字也不能乱用，一般情况下采取"祖有功而宗有德"的原则。意思就是说，如果这个皇帝对国家有功，比如开国之类，一般庙号为"祖"；如果是有德的皇帝，死后的庙号一般为"宗"。古代人对待庙号比谥号还要重，皇家的谥号除了皇帝之外，皇后、嫔妃都可以有，但是庙号属于皇帝一人的专利，其他人是无权取用的。因此，世人对庙号的重视程度更高，追加庙号时也采取了更加谨慎的态度，一般都放在谥号的前面。比如汉代的开国皇帝刘邦，庙号为"太祖"，谥号为"高"，合在一起就是太祖高皇帝，汉武帝死后被称为世宗孝武皇帝。到唐代以后，皇帝的谥号变得越来越长，再和庙号合在一起念，显得过于繁荣，比如李世民的庙号为"太宗"，谥号为"文武大圣大广孝皇帝"，除非是在官修史书等文献中，否则只简称李世民为"唐太宗"。

庙号不光是高祖，太宗什么的，有些字也寄对皇帝的褒贬于其中，比如"中宗"就代表"中兴之宗"，把国家带入中兴；"仁宗"代表了仁政；而"哀宗"，顾名思义，代表国家衰弱，灭亡。有趣的是，国家在取庙号时，很忌讳那些曾经给国家带来灾难的皇帝的庙号，比如"徽宗"和"钦宗"这两个庙号，宋徽宗赵佶和宋钦宗赵桓是北宋的亡国之君，被金人俘虏，客死他乡。因此，后来只有完颜宗峻死后的庙号为"徽宗"，再没有任何皇帝使用"徽宗"和"钦宗"的庙号了。

爱新觉罗·玄烨，是清代的第四位皇帝，生于1654年，卒于1722年。年号康熙，代表万民康宁，天下熙盛的意思，一般人称他为康熙皇帝。康熙皇帝死后，追加庙号为"圣祖"，谥号为"合天弘运文武睿哲恭俭宽裕孝敬诚信功德大成仁皇帝"，又有人称他为"圣祖仁皇帝"。电视剧《康熙王朝》中康熙皇帝的祖母孝庄文皇后当着他的面说，前天夜里，圣祖托了个梦。真不知道是哪个圣祖托梦给她。历史上宋太祖赵匡胤的老祖先赵玄朗，被宋代追认过圣祖的庙号，据赵家子孙说，这个祖宗当过轩辕黄帝，又和玉皇大帝有联系，干过托梦的勾当，看来也只有他能托梦给孝庄皇太后了。

（清圣祖康熙）

还想知道更多吗？

请参看：《中国历代帝王世系年表》杜建民编著 齐鲁书社1995年版（"庙号"207页—211页）。

都是鄂姐姐这汉女人的过错

董鄂妃的"族别"问题

事实上，董鄂妃，姓董鄂，属八旗中的正白旗。董鄂氏一姓，源于冬古河（今辽宁省本溪市桓仁满族自治县境内大雅河上游支流的黛龙江）之名，族源本是北宋赵氏的后裔，北宋灭亡时，被金人虏至东北，后逐渐就成了女真人，就是后来的满人。

董鄂妃，正白旗，属满人，未有疑。

也生子，封荣亲，只可惜，后夭折。

中国的历史上，一个很有兴趣的话题就是英雄与美人的故事。其中四大美人最为知名，她们都得到了帝王将相们的无与伦比的宠爱。可是，她们是否得到属于自己的那一份爱情则另当别论了。

不过到了清朝，有一份可歌可泣的爱情，却真实地刻写在那段真实的历史中，让那严峻冷厉的历史也有刹那间百炼钢化成绕指柔的温情。董鄂妃，找到了属于她自己的爱情——顺治帝。

顺治帝福临，是清朝入关后的第一位皇帝。他是皇太极的第九子，崇德八年（1643年）即位，改元顺治，在位18年。董鄂妃是顺治皇帝的爱妃。她18岁时入宫，随后被封为贤妃，同年又被封为皇贵妃，并举行了隆重的册封仪式，大赦天下。次年生得一子为荣亲王，也是顺治皇帝的第一个儿子，但没活到百日就不幸夭折。这位贵妃的身体也一直欠佳，22岁就去世了，死后被追封为孝献皇后。董鄂妃死后约一年，顺治皇帝也就驾崩了。

董鄂妃生前，虽然一直受到顺治皇帝的宠幸，但一直没有被立为皇后，其中一种说法为董鄂妃是汉人，没有资格当皇后。这里暂不提董鄂妃生前没有被立为皇后的原因，只谈谈董鄂妃真是汉人吗？

事实上，董鄂妃，历史上确有其人。她姓董鄂，属八

顺治帝（1638年—1661年）

董鄂妃（1639年—1660年）

147

旗中的正白旗。董鄂氏一姓，源于冬古河（今辽宁省本溪市桓仁满族自治县境内大雅河上游支流的黛龙江）之名，族源本是北宋赵氏的后裔，北宋灭亡时，被金人虏至东北，后逐渐就成了女真人，就是后来的满人。明代时，董鄂部隶属建州女真，成为建州左卫的一个部，并跟随建州左卫统一了女真各部，最终建立了清朝。

由此得知，董鄂妃并非是汉人，而是实实在在的满人。电视剧《康熙王朝》中，称董鄂妃是"汉女人"，看来也是受到民间传说的影响，而置史实于不顾了。

（清世祖顺治）

还想知道更多吗？

请参看：《孟森学术论著——清史讲义》 吴俊编校 浙江人民出版社1998年版（"八旗制度考实"22页—108页）。

不可乱称呼的索大人

这是因为满族的姓名与汉族的不同。满族的姓是"哈拉"，名是"格布"。"哈拉"是多音节的，如爱新觉罗、瓜尔佳、董鄂、赫舍里等，但是，在一般情况下，双方只称呼名而不称呼姓，这种习俗相传久远。

索大人，不姓索，他真姓，赫舍里。

若唤名，是索尼，要称呼，须注意。

姓氏作为中国独特的文化现象，在5000多年前就已经产生了。中国人讲究姓氏，更注重姓氏，将其视为维系血缘的纽带。古人历来修族谱，书名上一般总要标明籍贯和姓氏，为的就是要纯净自己的家族，认同自己家族的成员。一个人如果在自家族谱上没有名字的话，那真是和死了差不多了。所以认祖归宗被认为是人生大事，是一个人修身、齐家、治国平天下的基础，"六亲不认"是一种对人格的否定，是要被划为"罪人"一类的。

中国的姓氏丰富，什么字都有可能成为姓，比如，柴、米、油、盐、酱、醋、茶这些家常必备品，衣、服、冠、带、履、巾、帛这些织物，还有爱、仇、喜、哀、乐、忧这些情感等等，都可以成为中国人的姓。有人做过统计，中国人共出现过约1万的姓，其中较常使用的有3000余个。试翻开《百家姓》一看，504个姓氏令人眼花缭乱，虽然是古代的蒙学读物，小孩子们真想把它背下来，也不是一件容易的事。

在少数民族中，同样也使用姓氏。有些姓氏和汉族姓氏一样，而也有不少是他们单独的姓氏。其中，清代皇帝"爱新觉罗"就是满族人特有的姓，汉族中没有。清朝于1644年建立后，大量满族人入关，与汉人共事，同住一城，同朝为官，碰面时，免不了要互相打个招呼，问候问候，于是问题就来了！

电视剧《康熙王朝》中的有一个片段，画面中央的老者，即是索尼。索尼全名赫舍里·索尼，满洲正黄旗人，是清朝的开国功臣，一等公爵，与鳌拜、遏必隆、苏克萨哈一起，被孝庄文皇后指定为康熙皇帝的四大辅臣，掌管国家大事，盛极一时，别人称他"中堂"，相当于宰相。不过，索尼并不姓索，而是姓赫舍里，索尼只是他的名。比如，我国新疆著名杂技演员阿迪力，我们不能喊他阿先生，或迪力同志，只能喊他阿迪力，是一个道理。

　　这是因为满族的姓名与汉族的不同。满族的姓是"哈拉"，名是"格布"。"哈拉"是多音节的，如爱新觉罗、瓜尔佳、董鄂、赫舍里等，但是，在一般情况下，双方只称呼名而不称呼姓，这种习俗相传久远。一直到清代中后期，受到汉文化的影响，以先辈名的第一个音节为姓。为了表达敬意，就在对方格布的第一个音节之后加上相应的称谓。但要记住的是，这只是名字的第一个音节，而不是姓氏。而且，一直到清代中后期才出现。索尼大人究竟该如何称呼，尚需斟酌一番。但切勿因为称呼索大人，就真的以为索尼大人姓索了。

（孝诚仁皇后　赫舍里氏）

还想知道更多吗？

　　请参看：《姓名与中国文化》何晓民著　人民出版社 2001年版（"少数民族姓名类型" 409页—421页）。

会背唐诗吗？

宋词吧！
《梅花》……

《梅花》是宋词吗

　　《康熙王朝》中孝庄文皇后初见苏麻喇姑，二人很是投缘，一见如故。苏麻喇姑称孝庄为婆婆，孝庄牵起她的手，问她是否会背唐诗，聪明乖巧的苏麻喇姑立马接话道，宋词吧。孝庄又问，题目是什么呢？答案是《梅花》。

王安石，五言句，名《梅花》，表深意。

此大作，非宋词，乃宋诗，传后人。

《康熙王朝》中孝庄文皇后初见苏麻喇姑，二人很是投缘，一见如故。苏麻喇姑称孝庄为婆婆，孝庄牵起她的手，问她是否会背唐诗，聪明乖巧的苏麻喇姑立马接话道，宋词吧。孝庄又问，题目是什么呢？答案是《梅花》。

孝庄文皇后（1613年—1688年）

苏麻喇姑（约1612年—1705年）

王安石（1021年—1086年）

《梅花》

〔宋〕王安石

墙角数枝梅，

凌寒独自开。

遥知不是雪，

为有暗香来。

在墙角，有几枝梅花正冒着严寒的天气独自开放。其实不用走近，从远远看去就知道是洁白的梅花，因为梅花隐隐地传来了阵阵的香气。这是年过半百、经历了两次辞相和两次再任之后的王安石，通过对梅花不畏严寒的高洁品性的赞赏，表达自己坚忍不拔、身处逆境而洁身自好的心态。

苏麻喇姑吟诵得可真谓情真意切，可是《梅花》明明是宋诗，为何冠之以宋词的头衔呢？要知道宋词和宋诗可是不同的文学形式，这种不同归根结底就是"诗"与"词"之间的差异。

有人说"诗庄词媚"，庄指庄严，媚指婉媚。说诗庄严，就在于它能言志，诗人们用精炼而美好的诗句表达深藏在心底的志向，因此，诗在题材的选择上比较偏重于政治主题，以国家兴亡、民生疾苦、胸怀抱负等为主要内容。诗有不同类型，分古体诗和新体诗，又有四言、五言、七言、五律、七律、乐府诗、趣味诗、抒情诗、朦胧诗等。古时候对写诗的要求非常高，要求诗人在创作诗的时候有押韵、对仗，诗中各句还要符合起、承、转、合的基本要求。总体来说，诗的特点是用字准确，语言精练，讲究韵律，形象生动。如《梅花》这首诗，就是典型的五言诗。

词则是一种诗的别体，是唐代兴起的一种新的文学样式，又称曲子词、长短句、诗余，是配合宴乐中的乐曲而填写的。明代徐师把词的形式概括为："调有定格，句有定数，字有定声。"

（苏麻喇姑）

词经过长期不断的发展，到了宋代，进入全盛时期，涌现出大批著名的代表人物。婉约派有晏殊、柳永、秦观、周邦彦、吴文英、李清照、晏几道、姜夔等。豪放派有苏轼，辛弃疾，岳飞，陈亮，陆游等。

一说到宋代的文学，大家的第一反应就是宋词。小苏麻喇姑也不例外，张口就来了宋词。但是此"宋词"明显是张冠李戴了。

还想知道更多吗？

请参看：《宋诗鉴赏辞典》上海辞书出版社1987年版（"王安石《梅花》"245页）。

皇上和皇后的銮驾
已经在玄武门外了……

玄武门和避讳

　　康熙皇帝即位后，因康熙名叫爱新觉罗·玄烨，所以玄武门中的"玄"字就犯了康熙皇帝的名讳，改为神武门。《甄嬛传》中不应该有玄武门的称号，假如雍正朝中真要有哪位嫔妃这样说了，就是犯了大忌，将受到严厉的惩罚。

玄武门，立北面，有钟楼，记时辰。

康熙时，有顾忌，因避讳，改称神。

中国人现在能够知道避讳的恐怕不多了，现在不管是自己写文章，还是读书看报，很少能发现某字少一笔，或用别的字代替的情况。一篇文章写读下来，除非是生僻字，否则是一气呵成，不用考虑文章以外的事。而古人读书写文章，就多一层困难了，因为时刻惦记着自己的父母和皇帝，要严守"君君、臣臣、父父、子子"的道德规范，总要预先想一想某字能否读或写，祖先、父母和皇帝的名讳是万万不能读或写的。《红楼梦》第二回中，贾雨村说到林黛玉时，说她的母亲名贾敏，所以林黛玉读到"敏"字时，都读成"密"，需要写"敏"字时，就缺一两笔，就是这个道理，古人称之为避讳。

古人避讳有特定的范围，汉代有一本专门解释《春秋》的书叫《公羊传》，在这本书中谈到了避讳的原则为"《春秋》为尊者讳，为亲者讳，为贤者讳"，这条原则一直贯彻于中国整个封建时代，成为古人恪守忠孝仁义的座右铭。

避讳之风起源于先秦，至唐宋以后逐渐兴盛，成为读书人必备的写作注意事项，读书人考科举时，即使文章写得再好，如果发现用了不该用的避讳字，那只有等下次重新考试了。避讳不仅在读书人中流行，即使是普通老百姓，也不能犯讳，否则也要受到惩罚。可以说避讳是全社会性质的，只要有君臣、父子、师徒关系，就需要避讳。我们现在读古代人写的书，有些名词不相同，很多都涉及避讳。比如"秀才"一词，又有叫做"茂才"的，就是因为东汉时避光武帝刘秀的讳。观世音菩萨又称观音菩萨，也因为唐代时避唐太宗李世民的讳。武大郎卖的炊饼，

"炊"其实应写作"蒸"，因为避宋仁宗赵祯的讳而改。

电视剧《甄嬛传》说的是雍正时期的故事，其中华妃知道皇上皇后已经回宫，旁边太监称其已到"玄武门"。"玄武"是古代传说中的一种龟和蛇组合而成的灵兽，明成祖朱棣，在建北京城时，按照东青龙、西白虎、南朱雀、北玄武的方位，在故宫的北面修建了玄武门，门上有钟楼，每到黄昏时刻就开始鸣钟108响，钟声过后敲鼓起更，五更天后再鸣钟108响。但皇帝在宫里时，则不鸣钟。除了鸣钟报时之外，还供皇帝的后宫人员进出。比如，皇帝出巡走南面午门、正阳门出宫，嫔妃们只能从北面的玄武门通过。皇后参加亲蚕礼时，也是通过玄武门出宫。连清代选秀女时，待选的秀女们也是从此门进入。康熙皇帝即位后，因康熙名叫爱新觉罗·玄烨，所以玄武门中的"玄"字就犯了康熙皇帝的名讳，改为神武门。《甄嬛传》中不应该有玄武门的称号，假如雍正朝中真要有哪位这样说了，就是犯了大忌，将受到严厉的惩罚。

朱棣（1360年—1424年）

康熙皇帝（1654年—1722年）

（《故宫博物院建立六十周年》邮票 1985年）

现在的神武门已经成了故宫博物院的后门，天天游客不断，皇家的作用不复存在，但是悬挂在门上的牌匾中赫然写着"神武门"三个大字，这大概是《甄嬛传》里的"嫔妃们"没有注意到的吧。

还想知道更多吗？

请参看：《避讳研究》王新华著 齐鲁书社2007年版（"帝王"34页—40页）。

四阿哥和太平猴魁

　　太平猴魁是中国的名茶，产于安徽太平县（今安徽省黄山市），该茶历来以色泽毫白，叶色苍绿，香气高爽，滋味醇厚著称，曾经作为国礼馈赠给美国总统尼克松和俄罗斯总统普京。不过太平猴魁的历史却只有100多年。

中国人，好饮茶，品香茗，是文化。

猴魁茶，产太平，清末年，始生产。

　　中国人是爱好喝茶的，很多人都认为中国是茶叶的故乡，茶饮是中国人的首创。历史上，凡是外国或外民族和中国有贸易往来的，热销的货物除了丝绸和瓷器之外，估计就是茶叶了。几千年来，不管是从陆路，还是从海路，茶叶作为中国的象征，已经传播到了它所能到的任何地方，加深了世界对中国的了解。茶叶之所以在贸易中广受人们欢迎，就在于它的药用功效。据说神农氏尝百草时，一天会遇到72种毒，而之所以没有死，就是因为用茶叶解毒的结果。中国周边的少数民族，多以游牧为主，食品多以肉食为主，也需要茶叶解腻。

　　不知何时，茶的作用已经超出了原先的范围，中国人不再拿它当药，喝茶也成为品茗了，逐渐形成了一种独特的茶文化。唐朝时，有个会喝茶的人叫做陆羽，被后人称作"茶圣"，他写了一本书叫做《茶经》，其中具体介绍了茶叶的历史、现状、生产技术和泡茶技艺等，为中国茶文化奠定了基础，其后，中国茶的品种越来越多，技艺也越来越讲究，越来越多的文人雅士倾心于其中，不仅是中国人，就是外国人也爱好上了中国的茶文化。1915年，就有一种茶叶在巴拿马万国博览会上拔得头筹，赢得了金质奖章，这就是后来被列为中国十大名茶的太平猴魁。

　　太平猴魁是中国的名茶，产于安徽太平县（今安徽省黄

陆羽（733年—804年）

159

山市），该茶历来以色泽毫白，叶色苍绿，香气高爽，滋味醇厚著称，曾经作为国礼馈赠给美国总统尼克松和俄罗斯总统普京。不过太平猴魁的历史却只有100多年。

清朝末年，南京叶长春茶庄经常去安徽太平县三门猴坑一带收购茶叶，他们将茶中的嫩尖特意挑选出来，单独高价售卖，结果发现很受市场欢迎。这件事被家住猴坑的一个叫王魁成，人称王老二的茶农获悉，于是他也效仿南京茶商的办法制作茶叶，命名为"王老二魁尖"，结果一举成功，获得了很高的收益。另一位太平县茶商刘敬之在贩卖茶叶时，得知有一种叫"魁尖"的畅销茶叶，于是他买了一些，品尝后认为应是绿茶中的精品，今后会有很大的商业空间。于是，他和朋友苏锡岱一同将魁尖带到南京参加1910年举办的南洋劝业会，因为茶叶产自太平县猴坑，所以改"魁尖"为"太平猴魁"，并在会上取得优等奖。此后"太平猴魁"的名字才逐渐被国内外所接受。

可以说，清末以前，根本没有"太平猴魁"这个名字，更没有这样的茶叶。电视剧《步步惊心》中四阿哥爱新觉罗·胤禛说自己最喜欢喝的是太平猴魁，真不知道这茶叶是怎么来的。不过也难说，因为马尔泰·若曦是能做到的，在发生车祸穿越清朝之前，也许她刚好揣了一包太平猴魁。还好，她并没有揣着Espresso或Cappuccino。

> 王魁成（1861年—1909年）

（明 陈洪 《品茶图》）

还想知道更多吗？

请参看：《太平猴魁》项金如等编著 上海文化出版社2010年版（"一代茶魁写风流"）。

尚书房还是上书房

尚书房始建于雍正年间，在《宫锁心玉》中的四阿哥当皇帝之后，主要承担皇子的教学任务。它坐落在故宫乾清门左侧，门向北开，共5间房。之所以设在此地，主要是便于皇帝视察，以监督教师教学和皇子学习。

尚书房，雍正建，后道光，变上书。

四阿哥，未上位，明眼看，招牌错。

提起尚书房，大家似乎都很熟悉，因为现在的电视剧中，只要有涉及清代的阿哥和格格们的，就很少不提到这个地方，阿哥们在这里读书认字，在这里建立友谊，在这里拉帮结派，尚书房俨然成了宫廷内斗的练习场。但是，观众在电视里看到尚书房，记得了这里是皇子们的学堂，也就仅仅如此而已，如果再问皇子们都认的什么字，读的什么书，电视剧中都没有义务再作交待了。久而久之，感觉尚书房的读书功能减退了，娱乐意义倒多了起来，仿佛在里面读书的都是些纨绔子弟，识不识字无所谓，这不，连学堂的招牌打错了也没人管。

Shàng书房，应该写成尚书房呢，还是写成上书房？招牌上的字到底应该怎么提？在电视剧中仿佛没有定律，好像二者是通用的，所谓"尚"者，"上"也，音近而义同也，只要挂上牌子就行了，类似演小品时摆一张桌子、一把椅子，一块门板就是一个家一样，只是个象征。于是《宫锁心玉》中的Shàng书房，写成了上书房，结果不但人穿越，学堂穿越，连学堂的牌子也穿越。

胤禛（1678年—1735年）

尚书房始建于雍正年间，在《宫锁心玉》中的四阿哥爱新觉罗·胤禛当皇帝之后建立，主要承担皇子的教学任务。它坐落在故宫乾清门左侧，门向北开，共5间房。尚书房之所以设在此地，主要是便于皇帝视察，以监督教师教学和皇子学习。按照清朝规定，皇子到6岁时，就应该去尚书房读书，读书的科目主要有文化课和体育课。每天皇子们在卯时（5点至7点）开始学习，先学习蒙语，再阅读满文书，从卯正末刻（6点45分）开始读汉文书。过些天，除了学新句子外，还要把几天所学的句子重新读。如果都读熟了，到第六天再学新知识。皇子们每天申初二刻（15点30分）散学。散学后，他们还要练习步行射箭，每五天去圆明园学习骑马射箭一次。皇子们在每天上学之前，都要去拜见皇帝、皇后和皇太后等。到了诸如春节、端阳、中秋、万寿（皇帝生日）、自寿（自己生日）可以放假一天。

尚书房的老师，都是当朝的名臣，有崇高的威望和渊博的学识，至少都是翰林院学士。学堂设一名总负责人，称作尚书房总师傅，由他向皇帝推荐代课老师，并引见给皇帝面试。面试通过后，方可以成为老师，成为尚书房师傅。另外，还设有尚书房行走一职，主要是辅助尚书房师傅的工作。这些师傅们对待教学要特别精心，不能出现散漫旷工的行为，否则将受到体罚、降职等处分。

尚书房自建成后，一直充当着皇子学堂的作用。道光皇帝爱新觉罗·旻宁，又将"尚书房"改为"上书房"，因此"上书房"的招牌只能在道光以后才有。

《宫锁心玉》中的皇子们能在尚书房读书吗？看来是没这个福气了，这得等到四阿哥登基后再说。能在上书房读书吗？看来也没这个福气了，因为他们至少要多活100岁。

（清宣宗道光）

还想知道更多吗？

请参看：《听雨丛谈》〔清〕福格著 中华书局1984年版（"卷十一 尚书房"218页—219页）。

八阿哥
改名为塞思黑

九阿哥
改名为阿其那

阿其那和塞思黑

 雍正四年（1726年），八阿哥胤禩被以结党妄行等罪，削去王爵和宗籍，并被圈禁起来，改名为阿其那。九阿哥胤禟也被削宗籍，送往保定，改名为塞思黑，两人同在当年死去。

八阿哥，阿其那，九阿哥，塞思黑。

康熙帝，亲皇子，两兄弟，莫倒置。

现代拍的清宫穿越剧基本上都是以雍正皇帝为背景，不管是《宫锁心玉》还是《步步惊心》总少不了一个四阿哥，一个八阿哥，和一个穿插在他们之中的现代女性，其余的当然还少不了九、十三、十四爷一类的。

事实确实如此，在清代的野史中，关于康雍乾时代的皇子纷争的故事流传最多，康熙末年雍正初年这一时期，就有所谓的"九子夺嫡"，九个皇子为皇位拼得死去活来，各种说法都有，例如康熙是不是传位给了四阿哥，九阿哥是不是被毒死的，等等。这给了后人无限的遐想空间和发挥的余地，于是后人们选择穿越，宁愿到这里落脚，而不是到一无所知的山顶洞人的时代了。

不管怎么穿越，还好雍正做皇帝的结果，倒是没有改变，总算让人记得了康熙有个四阿哥，那与他为敌的，八阿哥、九阿哥一类的，或被认为是英雄、或被认为是狗熊，也一人得道，鸡犬升天，被人铭记于心。但是也就知道是几阿哥而已，具体姓名却是记不住的，就像只知道杨七郎，不熟悉杨延嗣一样。

单说这八阿哥和九阿哥，他们两本是同父异母的兄弟，八阿哥原名爱新觉罗·胤禩（sì），母亲良妃卫氏是满洲正黄旗包衣（奴隶），因此他本是个出身低微的人，但是康熙却很喜爱他，在17岁时就被封为贝勒。胤禩为人谦虚，待人

胤禩（1681年—1726年）

165

亲切，聪明能干，没有皇子骄纵的坏脾气，为人也很正派，在皇族和社会上都有很好的口碑，康熙第一次废太子时，他被任命为内务府总管事，可见康熙对他的器重。他的失宠是因为康熙巡视热河时，他因为母亲祭日，无法请安，只派了两个太监去康熙面前请假，谁知太监带了两只要死的老鹰送给康熙，招致康熙大怒，要和他断绝父子关系，接着他又生了一场大病，其后愈发失去康熙帝的信任。

胤禟（1683年—1726年）

胤禛（1678年—1735年）

九阿哥原名爱新觉罗·胤禟（táng），母亲宜妃郭络罗氏，他身体强健，聪明，善于经营，得来的钱财全部用在胤禩争夺皇位上。他们联合其他皇子，欲拥立胤禩为帝，和四阿哥爱新觉罗·胤禛争权。随着胤禩的垮台，胤禟也受到牵连，但是他是讲义气，仍旧和胤禩站在同一战线。

雍正四年（1726年），八阿哥胤禩被以结党妄行等罪，削去王爵和宗籍，并被圈禁起来，改名为阿其那。九阿哥胤禟也被削宗籍，送往保定，改名为塞思黑，两人同在当年死去。

电视剧《宫锁心玉》中称八阿哥为塞思黑，九阿哥为阿奇那，是正好相反了，并且翻译得也不够标准。关于阿其那和塞思黑，以前认为是满语猪狗的意思，不过现在又被认为意思是冻在冰层里的鱼和讨厌的人，但不管怎么样，八阿哥是阿其那，九阿哥是塞思黑是没错了。

（八阿哥）　　（九阿哥）

还想知道更多吗？

请参看：《雍正传》冯尔康著 人民出版社1985年版（"储位斗争的胜利者"4页—74页）。

孩儿今天效仿唐明宗了
搞了一个凌烟阁，要画一个二十四功臣图

二十四功臣图和唐明宗

　　殊不知汉明帝时有云台二十八将，唐太宗时有凌烟阁二十四功臣，而这个唐明宗只是五代时期的皇帝，在位时间不长、国家一片混乱，哪里有什么功臣值得画呢？

功臣图，古有之，是优待，昭贤明。

唐太宗，请人画，凌烟阁，传天下。

中国的历史上，不论是贵族出身的皇帝，还是老百姓出身的皇帝，打江山，建基业，少不了身边的一群功臣。而功臣们也是尽心尽力效忠未来的皇帝，文的运筹帷幄，武的驰骋沙场，总要拥护着皇帝坐上龙椅，自己在阶下山呼万岁不可。不过，这些皇帝坐稳龙椅，政权巩固后，总希望臣子们能"诚惶诚恐，死罪死罪"，不再辅助别人抢皇位才好，于是索性来个鸟尽弓藏、兔死狗烹，全都赶尽杀绝，心里才放得下。还有那稍微温和一点儿的皇帝，找种种借口，不再重用功臣或其子孙，只在他们身前或死后给予经济和社会地位等方面优厚的待遇，让他们能享受一份荣誉感。在这些荣誉中，就有一项为功臣画像和排座次。

汉宣帝（前91年—前49年）

西汉甘露三年（公元前51年），经过几代皇帝的征讨，北方的匈奴向汉庭归降，为了纪念往昔有功的辅佐之臣，汉宣帝年特地命人在麒麟阁画了十一名功臣的画像，以示表彰。后人称这十一人为"麒麟阁十一功臣"。

汉明帝（28年—75年）

西汉灭亡后，王莽篡汉建立新朝，没过几年国内就发生混乱，此时汉光武帝刘秀异军突起，最终重新建立汉朝政权，定都洛阳，史称"东汉"。汉光武帝死后，由儿子汉明帝继位。为了纪念东汉开国的重要功臣，汉明帝特地对应天上的二十八星宿，命人在洛阳南宫的云台画了二十八位功臣的画像，即东汉二十八宿全图，史称"云台二十八将"。

唐太宗（599年—649年）

唐朝时，唐太宗李世民一生跟随父亲建立唐朝，又发动玄武门之变，登上皇位。之后，他内修政治、外拓疆土，功绩显赫，国力达到极盛。到老之时，唐太宗回想起早年意气风发，数位功臣跟随自己南征北战，不禁百感交集。于是，他命阎立本在长安城皇宫内的凌烟阁画了二十四位功臣画像，史称"凌烟阁二十四功臣"。

清代的乾隆皇帝，为了宣扬自己的"十全武功"，每次军队凯旋后，乾隆皇帝都要下令为征战中的功臣绘制画像，并将它们悬挂起来，但这影响已不如以上三次。电视剧《铁齿铜牙纪晓岚》第四部，其中就提及此事。不过，电视中的乾隆皇帝似乎对功臣图的来龙去脉并不清楚，说是要效仿唐明宗也来个凌烟阁二十四功臣图，殊不知汉明帝时有云台二十八

唐明宗（867年？—933年）

将，唐太宗时有凌烟阁二十四功臣，而这个唐明宗只是五代时期的皇帝，在位时间不长、国家又一片混乱，哪里有什么功臣值得画呢？

（清代年画《东汉二十八宿全图》）

还想知道更多吗？

请参看：《功臣悲歌——中国古代的皇权与将帅》黄朴民著 解放军出版社2000年版（"结语：走向历史的祭坛"203页—208页）。

小燕子的福气

　　《新还珠格格》中小燕子看到的那尊塑像就是"米洛斯的维纳斯"的复制品，不过按照该剧的考证，只知道小燕子是乾隆皇帝的女儿，生卒年不详，大致确定是乾隆时代的人。掐指一算，即便1799年，乾隆皇帝驾崩，离雕塑出土还有21年时间，真不知道乾隆皇帝从哪儿弄来的复制品。

小燕子，有福气，看雕像，维纳斯。

殊不知，未面世，找阿玛，也无力。

中国古代有所谓的"四大美女"之说，至于是何人在何时、何地，通过何种评价标准评出来的，估计也无法考证了。但是，西施、貂蝉、王昭君和杨玉环已经稳稳坐在中国历史的美女宝座上，后来就算再有什么美人，也没法使"四大美女"变成"五大美女"或"六大美女"，看来这几位美人是不会再让贤了。

也许是因为中国人对这几位女士产生审美疲劳了吧，在乾隆爱新觉罗·弘历的宫殿里，居然出现了个维纳斯。这一幕就出现在电视剧《新还珠格格》中，把个小燕子好奇了半天，她确实应该好奇，因为在乾隆时代能看到这样一尊美人雕塑，即使是复制品，也不常见。不光是她，连西方人也好奇，甚至有点嫉妒了，因为乾隆皇帝和这些阿哥、格格们能在这尊塑像出土之前，就先睹为快，他们简直太有福气了！

历史上曾经发生过这样一件事，有一个农民在爱琴海中的米洛斯岛上耕种时发现了一座分成两截的大理石女性雕塑及其他碎片。这个农民知道雕塑很值钱，试图把它藏起来，却被驻在该岛的法国领事发现了。领事将这个消息报告给了法国驻土耳其大使，这位大使对这尊雕像也很感兴趣，准备把它买下来。谁知岛上的族长为了本岛的利益，擅自将它卖给了一位在土耳其任职的希腊军官，法国

171

人听说此事后非常愤怒，他们赶到米洛斯岛时，雕像正在装船，他们极力阻止这一行为，甚至不惜使用武力。恰好，此时海上又刮起了暴风，土耳其的船无法返航。于是，法国人软磨硬泡，软硬兼施，又添了不少钱，才最终买下这尊雕像，并于第二年献给了法国国王路易十八。这件事情发生在1820年，而出土的这尊雕像就是后来引起世界轰动的名为"米洛斯的维纳斯"的雕像。

《新还珠格格》中小燕子看到的那尊塑像就是"米洛斯的维纳斯"的复制品，不过按照该剧的考证，只知道小燕子是乾隆皇帝的女儿，生卒年不详，大致确定是乾隆时代的人。掐指一算，即便1799年，乾隆皇帝驾崩，离雕塑出土还有21年时间，真不知道乾隆皇帝从哪儿弄来的复制品。看来这些阿哥、格格们是没这个眼缘了，他们真的看不到这尊雕塑。

（桑德罗·波提切利《维纳斯的诞生》）

还想知道更多吗？

　　请参看：《断臂的维纳斯——希腊罗马的雕塑艺术》钱初熹著 上海人民美术出版社1998年版。

清代在重量单位上的创举

如果有人要问，我们的祖先有自己的重量单位吗？那回答就应该是，有。不仅有，而且很完备，小到铢，大到石，唯独没有"克"这个单位，更没有英文字母"g"。

小秤砣，民间用，来衡量，物件重。

只可惜，数字误，不认识，难有用。

　　电视剧《新还珠格格》的结尾，正是一片喜气欢愉的气氛，却猛然出现了一个刻有"500g"字样的秤砣，真是让人不敢相信自己的眼睛。等到仔细观察，发现确实是一把中国传统的杆秤时，才感慨现代人和古代人在重量计算方法上相差实在太多，我们已经基本不了解古代人的重量单位了。

　　如果有人要问，我们的祖先有自己的重量单位吗？那回答就应该是，有。不仅有，而且很完备，小到铢，大到石，唯独没有"克"这个单位，更没有英文字母"g"。中国人在很早就已经使用计量单位记录物体重量了，最早人们在进行商品交换的时候，必须要有做到心中有数。比如有一个养羊的人要去换粮食，于是他牵了一头羊和一位种粮食的人交换粟米，在他们之间会形成一种规定，即多重的羊换多重的粟米，于是就有了称重量的器物，而称出的重量需要统一记录，相互换算，于是就有了重量单位。

　　在漫长的历史长河中，中国人开创了自己的重量单位，战国时期的各个诸侯国，都有自己不同的重量单位，在名称和换算上都有不同。比如秦国有石、钧、斤、两、铢等单位，而魏国又有镒，各国单位不尽相同。即使相同的单位，实际重量也不同，比如秦国的1两，换算成现在的单位约为15.8克，赵国的1两为15.6克。到秦始皇统一中国（公元前221年）后，统一了度量衡，其中的"衡"指的就是重量单位。也就是从此时期开始，直至唐朝，中国的重量单位主要就是石、钧、斤、两、铢，再没有其他特别的单位。唐代时，中国又出现了"钱"和"分"两种重量单位。宋代时，"钧"和"铢"逐渐被废除，不再使用，形成以石、斤、两、钱、分五个等级的重量单位，其中1石为120斤，1斤为16两，1两为10钱，1钱为10分，此种计量方法沿用到清代。

"500g"字样中，500是阿拉伯数字，这种数字原是印度人发明，由阿拉伯人传入欧洲，并逐渐在世界传开。阿拉伯数字大约在13至14世纪传入中国，但当时中国人有自己的计数方法，所以并没有在全国流行。直到20世纪初，随着近代数学传入我国，阿拉伯数字才慢慢被使用。至于"g"这个单位，原是英文gram的缩写，是西方的重量单位，随着近代西方物理学等学科传入中国后，才逐渐使用的。因此，在小燕子生活的乾隆时期，不可能会出现"500g"的。

这杆秤，在清代人看来，不知道500g是什么意思，所以称不了任何物品。西方人则干脆不用它，因为他们根本不认识杆秤。看来这杆秤只能再压几百年箱底，等剪了辫子的现代人来用吧。

（清高宗乾隆）

还想知道更多吗？

请参看：《中国古代度量衡》丘光明著 天津教育出版社1991年版（"清代度量衡标准的制订"126页—130页）。

八国联军和圆明园

于是乎，在中国人的眼里，洋人可恶，八国联军就是洋人的代表，是十恶不赦的混蛋东西，这不，直隶总督，北洋大臣，我们的李鸿章先生也要对八国联军发牢骚了，只可惜说得太早，误了时辰。

圆明园，甚壮丽，几代人，苦建齐。

未曾想，英法军，一把火，烧殆尽。

打从1840年鸦片战争起，中国人的命运似乎就一直和洋人分不开，而且一直都是受着他们的气，说白了就是一直挨打。一直到新中国成立后，咱们才扬眉吐气起来。

可是想想当时，八国联军打入北京，连光绪皇帝和慈禧太后都跑出了皇宫，美其名曰"西狩"，最后赔了一大笔钱才算了事，可见八国联军真是可恶至极。于是乎，在中国人的眼里，洋人可恶，八国联军就是洋人的代表，是十恶不赦的混蛋东西，这不，直隶总督、北洋大臣，我们的李鸿章先生也要对八国联军发牢骚了，只可惜说得太早，误了时辰。

大家都知道北京有座圆明园，这座皇家园林最早是在康熙皇帝时期建造，并历经雍正、乾隆朝，最终定型。它主要由圆明园、长春园、绮春园三座园林组成，占地上千亩。它继承了我国传统建筑的精华，既有宫廷建筑的恢宏气势，又有江南园林的秀美清晰，同时它也借鉴了欧洲的园林建筑形式，最著名的大水法就有欧式的喷泉。

园内多有奇珍异宝，宛然一座皇家博物馆。只可惜在咸丰十年（1860年）第二次鸦片战争时，英法联军攻入北京，圆明园被英法联军烧了个精光，稍微值点钱的宝贝也是抢的抢，砸的砸，整个园子基本成了一片废墟，但园内尚存有建筑十几处。这是第一次火烧圆明园。

第二次火烧圆明园是光绪二十六年（1900年），八国联军入侵北京，再次放火烧圆明园，使这里残存的13处皇家宫殿建筑又遭掠夺焚劫。八国分别为英国、法国、德意志、俄国、美国、日本、意大利、奥

奕劻（1838年—1917年）

李鸿章（1823年—1901年）

匈帝国，人数达到数万，并很快占领了北京，慈禧太后和光绪皇帝等逃到陕西西安，留下奕劻和李鸿章留京和洋人谈判，最后以签订《辛丑条约》，赔偿4.5亿两白银才算完事。

八国联军入北京，那是1900年的事，电视剧明明白白地标着《台湾1895》，那时哪里来的八国联军呢？此时的李鸿章还无从知晓5年以后的事，他心里惦记着的还是1860年的惨痛记忆呢。

因此，电视剧中李鸿章说的话不论从时间上，还是主体上都是错误的。看来八国联军火烧圆明园这顶帽子，还是摘下来带到英法联军头上才是。

（李鸿章）

还想知道更多吗？

请参看：《1860：圆明园大劫难》〔法〕伯纳·布立赛著 高发明等译 浙江古籍出版社2005年版（"抢夺圆明园"177页—188页）。

就是汉代名将卫青、霍去病北击匈奴，大获全胜勒石记功的燕然山

燕然山上勒石记功的是谁

在燕然山击败匈奴一事是真的，勒石记功一事也是真的，不过离卫青、霍去病时已晚了将近200年了，当事人名叫窦宪。

燕然山，勒石记，击匈奴，获全胜。

是窦宪，非卫霍，时间差，二百年。

文字的发明，应该是人类从野蛮走向文明的主要标志。在没有发明文字之前，人们只能靠语言交流，在时间和空间上都受到限制，想流传一件事情，只有靠口口相传，像说故事一样。只有当文字出现之后，人们每做一件事，每发一次牢骚，都能记录下来，不仅自己能看见，便是其他人也能共享了。只要记录的载体没有损坏，一千年一万年后都会有人读到文字，算是千古留名了。

于是，这就引起了不少人的坏脾气，开始在石头上刻字，自表功劳，如秦始皇东巡时，就在石头上刻了不少字。直到现在，长城上的"张三爱李四"、"王五到此一游"之类的，虽然文字没有古人多了，但是感情是一样丰富的。只不过秦始皇的功劳大，他的刻字成了研究史料，而"到此一游"之类的刻字只招来一片骂声罢了。

汉代的人也喜欢刻石，宋人赵明诚《金石录》中收录的许多汉代石刻。有不少一直流传到现在，收藏于国内外的博物馆中。我们若是逛逛书店，也能发现许多供临摹时用的汉代石刻的拓本。不过，大部分的刻石，我们只能见着文字，真正的石头是见不着了，比如《夏承碑》。有的干脆连文字都没有，只知道有人在石头上刻字，比如汉代的某位名将大败北匈奴后，在燕然山上勒石记功。

电视剧《乔家大院》中，乔致庸等人运了一批布到内蒙古去卖，突然遇见了大风沙，阻挡了他们的去路，这时有人告诉他前面就是燕然山了，他听到后很激动地说，就是汉代名将卫青、霍去病北击匈奴，大获全胜勒石记功的燕然山。在燕然山击败匈奴一事是真的，勒石记功一事也是真的，不过离卫青、霍去病时已晚了将近200年了，当事人名叫窦宪。

窦宪是汉章帝的大舅子，章德皇后的哥哥，东汉权臣。汉章帝的儿子汉和帝即位后，窦宪因派人刺杀太后的宠臣而犯下重罪，为了免死，他主动要求征讨北匈奴，于是被封为车骑将军，于公元89年率领东汉军队和南匈奴一起在稽洛山（今蒙古国额布根山）大败北匈奴，杀敌数万，一直追到燕然山（今蒙古国杭爱山），并命中护军班固在山上勒石记功，记录了这一辉煌的战绩。这一场战役使得北匈奴人元气大伤，再也无力南侵，而向西转移至黑海去了。唐代诗人李昂有《从军行》中就有"田畴不卖卢龙策，窦宪思勒燕然石"的诗句，其中后半句说的就是窦宪在燕然山勒石记功的事。

估计乔致庸是对西汉两位名将卫青、霍去病太熟悉了，因此让他们穿越到东汉来，抢了窦宪的风头吧。不过，窦宪也不必难过，因为勒石记功这件事还在啊，到最后总能弄个水落石出。

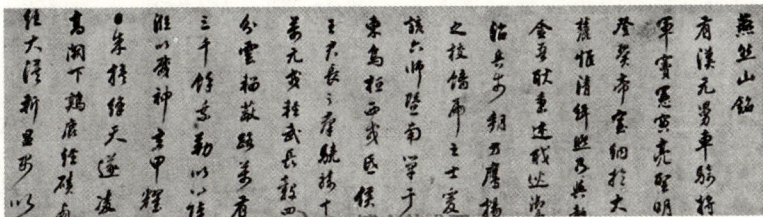

（董其昌 行书 《燕然山铭》局部）

还想知道更多吗？

请参看：《匈奴通史》林幹著 人民出版社1986年版（"匈奴的盛衰及其与中原的关系 下"96页—127页）。

编辑手记

作为一名编辑，我觉得对于现在的学生来说，学习历史真是一件既好玩又辛苦的事。

说好玩，是因为现在有着充足而富裕的历史资源信息公布于网络、纸媒、电视、电影等大众传媒中，犹如饕餮大餐，可以饱食无忧。并且，还有历史中的轶闻趣事做开胃小菜，各种文化知识做美味甜汤，真可谓好吃好玩至极。说辛苦，是因为学生不得不背负升学的压力，要反复地背诵课本知识，以及那些千篇一律的教辅答案，去应付各场考试。

于是，身边的学生朋友们，都在抱怨这样的一件事："我是真喜欢历史，却不知道如何学历史，靠背诵来学习历史，可真让人受不了。"他们更乐于去网络、影视、纸媒那里去寻找他们喜欢的信息。但那里的资源又不尽是那些配料安全、食材放心、烹饪合理的美味佳肴，有时候总会碰到一些粗制滥造和食材不佳的，也会让人倒尽胃口。其实，除了冒着"食物中毒"的危险或死记硬背的痛苦之外，我们的学生朋友们完全有更好的方式来熟悉历史、关心历史并钟爱历史。

许多历史学家都注重各种历史资源的吸收与采纳。章学诚先生主张"六经皆史"，除《四书》《五经》外，别集小说都是历史。陈寅恪先生极其看重史料，他利用新方法、新材料，以诗证史，写成《柳如是别传》；另外，陈先生在注重真史料的同时，也看重伪史料，他认为伪材料亦有时与真材料同样可贵。因为根据考据出来的时代及作者，则能说明当时依托的情形与实据，则又是一条极好的真材料。伪史料尚有可取之处，当今影视资源中的一些错漏之处，抑或可以有借鉴和甄别的利处，这也许是我们学生朋友学习历史的一条新途径。

学生朋友们对影视资源往往都有着极大兴趣，并乐于"探讨"其中的各色问题，这是一个好现象，说明他们对历史知识都有很强的好奇心。但是，对于影视资源中出现的错误情节，则需要学生擦亮眼睛，用己长驳彼误，才会有意想不到的收获。

比如，在看《康熙王朝》的时候，结合课本介绍，学生会更好地知道康熙作为一代帝王的千秋功业。但是，电视剧中肯定有许多剧情，和书本中介绍的知识不尽相同。康熙究竟怎么擒拿了鳌拜，究竟什么时候平定了三藩，又是何时收复了台湾，等等。这些时间是否和史实对应？影视剧中拍对了几分，又拍错了几分？错误又在何处？如果带着这些疑问去看电视，那么我们的收获一定是硕果累累。

从另一方面来说，如果能保持"多闻阙疑"的精神，那么影视剧就是我们的一份考卷，考得好不好，就在于平日学得好不好。如果想考好的话，首先，可以多看一些关于日常生活的百科知识图书，多增添对历史知识的学习和认识，这也是本书增加推荐书目之目的。其次，学生朋友们可以多去博物馆开阔眼界。博物馆是为公众提供知识、教育和欣赏的机构，其中汇集、保藏了许多具有科学性、历史性或者艺术价值的物品。参观展览时，看那些实物冲破千年历史的滚滚狼烟和厚厚尘土，以清丽脱俗的姿态，呈现在你的面前，你就可以看到真实的历史，而不是传说。相信，这时候的你对历史的感受力会远远超越影视剧所带来的一时的兴奋。最后，"读万卷书，不如行万里路"，带着一颗怀想历史的心态，走遍祖国的大好河山，看看当时人的居住条件和地理环境，看看古代先人留下的文化遗迹，这些都会将历史的感觉印入你的心扉，你会更好地感受历史无穷的魅力。

当然，通过找影视剧的错来学习历史，这还只是一个开始。说了这么多，其实不仅是针对学生朋友，包括那些爱读历史、想读历史的青年朋友们都是一样的道理。条条大路通历史——这是一位编辑工作者的心声。